JN194540

もし、70人のオネエさんが集まったら？

私たち、まだまだこれからよっ!!

ブレインワークス編著

カナリアコミュニケーションズ

はじめに

本書は、既刊書『もし波平が77歳だったら』（2015年刊）、『もし、77歳の波平が77人集まったら？』（2017年刊）に続く第三弾で、シニア支援事業の一環として企画されました。
日本はシニア人口がどんどん増えていくなかで、体力も知力も経験もあるシニアがますます元気で活躍できることを願うとともに、これからシニアになるシニア予備軍の希望になることが、シニア支援事業の目指すところです。
『もし、77歳の波平が77人集まったら？』は、男性と女性合わせて77人の方に登場していただきましたが、本書ではいよいよ70人のフネさんたちに登場していただきます。ここには70歳から92歳、93歳までの女性達の、70とおりの人生がちりばめられています（記載年齢は2017年時点）。
70歳以上の、今も元気で仕事や趣味、あるいはボランティアで活動していらっしゃるフネさん達が、北は北海道から、南は山口県、愛媛県まで、そして海外で活動していらっしゃる方々まで、執筆あるいは取材に応じてくださいました。

80歳を過ぎて起業された方、海外で社会貢献している方々、日本の文化を継承するために奮闘している方々、社会福祉に力を尽くしている方々、あるいは多くの人々の健康・食育改善に取り組んでいる方々、事業を大きくしている方々、地域の老人会で活躍している方々、ご自身の才能や特技で人々に幸せをもたらす方々、が登場します。

中でも、寝たきりだった89歳のひろこさんは、すっかり元気になり、今やパントマイムや踊り、講演などで全国を回れるようになりました。若い頃に女としての苦労をこれでもか、これでもかと重ねてこられて、今は静かに暮らしている環さん。ゴビ沙漠に300万本のポプラの木を植林する活動に携わっているキミ子さん。終戦直後、台湾から引き上げ、広島から乗った列車の中で慣れない極寒に身をふるわせた東美さん。また、脚も目も悪いなか、世界のクロスカントリースキーマラソンに参戦し、ワールドロペットゴールドマスターの称号を得た雅子さん。日本文化、日本工芸美術の伝統を守ることに力を注いでいる有輝子さん、美津子さん、田みよ子さん。

戦前、戦中、戦後を生きてこられたフネさん達の原稿を拝読し、お話をうかがううちに思わず涙し、笑い、感動しました。決して平坦な道ばかりではなかったにもかかわらず、知恵と勇気とヴァイタリティーで乗り越えられて、今なお元気で「生涯、現役」と異口同音に述べられた言葉にたいへん勇気づけられ、力づけられました。

シニア予備軍の方々も、本書のフネさん達からパワーをもらえるのではないかと確信しています。

最後になりましたが、貴重な時間を割いて執筆してくださった方々、快く取材に応じてくださった方々に、この場を借りて心からお礼と感謝を申し上げます。また、親身になって「是非、この人を」と紹介の労をとってくださった方々にも心からお礼申し上げます。

私が最も感動したことは、フネさん達みなさんが自分の意志で行動していらっしゃることです。すばらしい日本の女性達を誇りに思わずにはいられません。と同時に私自身、同世代の女として皆さんにエールを送りたいと思います。

この機会がなければ、お目にかかれなかった女性達と巡り合えたことは、私の一生の財産になります。ありがとうございました。

2018年1月

編集担当　村上　克江

もくじ

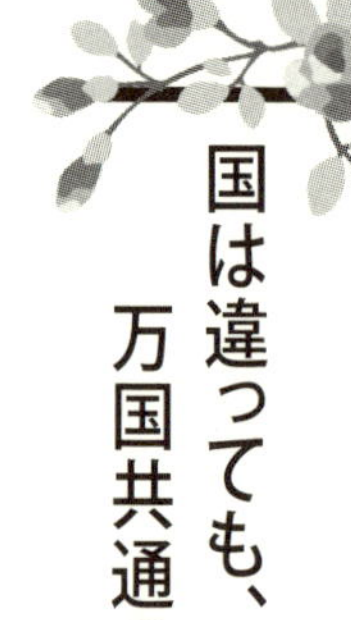

国は違っても、人間性には万国共通のものがある

昭和の末、40代半ばの私は池袋の日本語学校で教えていた。私の大声での説明をよそに中国人生徒はお喋りに夢中だ。居眠りしたり、カップ麺を啜っている者もいる。留学ビザでの来日だが彼らの本音は出稼ぎだから、授業中の睡眠や、アルバイト情報の交換は必要だったのだろう。

日本語教師には授業以外に問題作成、採点、入管への書類等、面倒な作業もあったが充実感があった。それは日本語への探求があったからだ。「これ」「それ」「あれ」の違い、「行っちゃった」の「〜

Profile

海老根紀子

1943 年東京生まれ。都立鷺宮高校、上智大学英文科卒。

印刷会社、サウジアラビア大使館、独立行政法人を経て日本語教師に。YMCA 派遣にて台湾、中国で日本語教育を行う。その後、JICA 派遣にてブラジルで日本語を教える。

現在の趣味は料理、縫物、エッセイを書くこと。

ちゃった」は何かなど、興味は果てしなかった。

新米の頃は「静かに！　坐って！」と怒鳴るだけの私だったが、やがて工夫を凝らすようになった。実物、絵、写真を多用した口頭練習をし、「ここは～です」の構文の時は学生を連れてビルの中を「ここはどこですか」→「ここはトイレです」と歩いたり、街に出て通行人に「交番はどこですか」と訊いたりした。

学生からはバイトの紹介、アパート・大学への身元保証等の頼まれ事が多く、信頼を裏切られたこともあった。でも嫌だと思わなかったのは、個人的な繋がりがあったからだ。学生にはそれぞれ固有の国民性がある。だが誠意をもって向きあえば受け止めてくれる。国は違えど人間性には万国共通のものがあるという異質性と同質性を学んだのだ。

50代になってから海外へ単身赴任

50歳の時、成人した2人の子供と夫を残し、台湾へ単身赴任した。異文化の中での仕事とホームステイの1年は貴重な経験となった。

翌年はＪＩＣＡでブラジルへ派遣された。2年契約で目的は日系人の教師・子どもへの日本語指導だ。ところが女性の校長は私に、事務所の留守番だけしてくれ、と告げたのだ。理由は後で分かった。現地の先生が、本場の教師と比較されて評価を落とすのを嫌ったのだ。

持参した教材を前に勢いは萎んだが3か月、留守番をした。その後、クラス運営に困っていたり、日曜の授業に不満な教師からクラスを貰い、能力試験対策クラスも作って、やっと日本語の仕事にありついた。やがて私の教授法の噂が広まったようで、校長が私の授業を見学に来た時は着任して半年経っていた。

20世紀最後の年、中国で教えた。学生40名は熱心で、1日12時間勉強する者や高熱でも出席する者がいる。私は嬉しくて、能力試験用に別の授業も行うことを申し出、夜は夜で宿舎で進度の遅い生徒を教えた。コピー機がなく毎日8枚のガリ版を切って問題を作った。

学校全体の文化祭には「東京音頭」を披露した。日本から持参の浴衣を2名が着て、全員がテープに合わせ踊ると、他の組に大受けだ。生徒達は大得意で「ヨイヨイヨイ」の掛け声が響き渡る。終わっても興奮冷めやらず鍋料理店に繰り出した。湯気の向こうでどの顔も赤く輝いていた。

帰国の翌年、子宮癌と肺癌を続けて手術し、両方成功したが海外での仕事は無理となった。そこで初めて思い至ったのが家族である。娘・息子が幼い頃から働き、常に多忙で海外にいる私に彼らは不満も言わず、進学、就職、結婚を自分で決めてきた。心細く不自由な思いをしたであろう。今さらながら夫や子ども達へ感謝と謝罪の念が湧き上がる。私は決心した。今後の人生は家族のために捧げようと。今は料理を初め家事に没頭する、別の人生が始まっている。

パソコンと趣味で充実人生

昭和3年に大阪で生まれました。父は銀行員でした。私が幼いころに岡山に転勤になり、その後東京へ転勤になりました。私が小学校1年の3学期のことでした。ですから、生まれた大阪の記憶はなく、記憶にあるのは岡山からです。

小学生のころの日本は、昭和12年に日中戦争が始まり、太平洋戦争へと戦争が続きました。太平洋戦争が始まった年、東京府立第10高等女学校（現在、豊島高校）へ入学しますが、2年生で英語の授業がなくなり、戦争の真った

Profile

坂部　禮

1928年大阪生まれ。小学1年のとき東京へ転居。東京府立第10高等女学校を経て、1945年、東京女子大学数学科に入学。卒業後結婚、子育てが一段落し、高等数学を学ぶため東京女子大学同窓会の勉強会に参加。コンピューターと出会い、以後深い付き合いとなり、現在はパソコン教室で教えている。趣味は手仕事とコーラス。

だ中で、女学生も軍需工場で勤労奉仕にあけくれました。

昭和19年からアメリカ軍による空襲が激しくなり、昭和20年3月10日に東京は大空襲に見舞われ、とくに下町は焼け野原になりました。私の住んでいた荻窪は、それほど大きな空襲はなかったのですが、それでも近所に高射砲の陣地があり、近くの家が焼けたときはバケツをもって駆けつけ、消火の手伝いをしました。5月の空襲で電車がとまり、中野から池袋を通り板橋まで一面の焼け野原の中を歩いたときは、ショックでした。

その年4月に東京女子大学数学科に入学、しかし7月までは軍需工場に行きました。当時は、高等女学校を終えて何もしていないと徴用にとられるので、同級生たちも上の学校への進学の道を選んだのです。戦後は食糧難で、食べることに事欠く時代でしたが、私以上に、母はさぞ大変だっただろうと今になってしみじみ思い出します。

東京女子大学を3年（当時の就学期間は3年でした）で卒業し、私は遠縁の坂部と結婚し、4人の子どもを育てあげました。

子育てが一段落し、義父母もおくることができたので、東京女子大同窓会で行っていた数学の勉強会に参加、あらためて高等数学の勉強をすることにしました。かたわら自宅で、数学塾を始めました。

コンピューターとの出会い

コンピューターとの出会いは、昭和58年ころだったと思います。女子大の教室に巨大なコンピューターがあり、初めてコンピューターにお目にかかりました。それ以来、コンピューターはどんどん小型化し、パーソナルコンピューター（パソコン）といわれるようになりました。当時はまだウインドウズはなく、ベーシックというプログラミングを自分で作ることから始め、漢字を出すのに数字を打ち込んでいたのが、いまやスマホ、アイパッドの時代で夢のようです。

70歳のとき、「シニアSOHO普及サロン三鷹」ができ、パソコン好き（達人）の人たちが集まり勉強をしながら、やがてパソコン教室等へ教えに行く立場になりました。現在も、週に2〜3回パソコンを教えています。最近はiPad, iPhoneの講座も増えてきたので、その講座のお手伝いもあり、いつまでも勉強に追われています。

また、三鷹の消費者活動センター運営協議会でボランティアもしています。安全な環境、食品等ボランティアも自分の勉強と思えば、楽しくできるものですね。

趣味は手仕事（キルトバッグ、造花づくり）とコーラスです。造花づくりは、今はストップしています。なぜなら、造花で部屋がいっぱいになり、置き場所がなくなったからです。

歌うことも好きで、宗教曲を練習しています（教えてくださっていた先生が亡くなるまではメサイアも）。毎年11月の文化祭で発表したり、あるいは青山学院や目白のカテドラルで歌わせていただくこともありました。先日も、三鷹市の市民コンサートで第九を合唱しました。

当年とって89歳ですが、おかげさまで元気で、充実した日々を送っています。

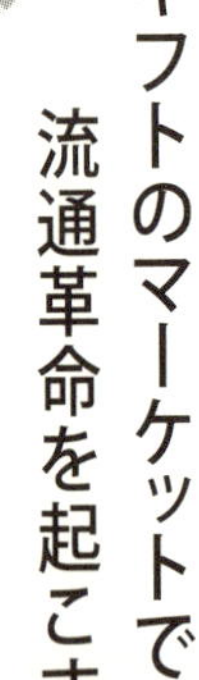

ギフトのマーケットで流通革命を起こす

私は浅草で兄３人の４人兄妹の末っ子として生まれ、小学生時代は第二次世界大戦のまっただ中でした。東京大空襲で下町は焼土と化し、実家も焼け、世田谷へ移りました。東京都立第五高等女学校を卒業、両親の反対を押し切って早稲田大学法学部へ進学しました。

大学時代は奨学金を受給し、あとはアルバイトです。それはデパートでクリスマスグッズ関連の販売でした。これが「贈り物文化」に初めて接する経験となり、私の未来を暗示していたのではないかと感慨深いものがあります。

Profile

芳賀　久枝

1932年東京生まれ。東京大空襲で命拾い。戦後早稲田大学法学部を卒業、出版社弘文堂へ入社、企画・編集に携わる。病をえて退職。1960年芳賀忠と結婚。1971年夫婦でビジネスガイド社を創業、月刊「ぎふと」刊行から始め、日本にギフト市場を確立したギフト・ショーの母。現在、（株）ビジネスガイド社会長。趣味は絵を描くこと。

大学時代に、学友で後の夫となる芳賀忠と出会いました。

卒業後、出版社へ勤務し、企画や編集の面白さ・厳しさを経験し、この経験が会社設立後に雑誌『ぎふと』を創刊する時に役立ちました。出版社では無我夢中で働いていましたが、とうとう身体を壊して入院、退職することになりました。入院中の私を見舞ってくれたのが、忠で、退院後デートを重ね、これも両家の反対を押し切って結婚しました。

忠も貿易関係の雑誌を刊行する出版社に勤務していたので、話は合います。やがて子どもたちが生まれ、内職で家計をやりくりしていましたが、「これではいけない、何かしなければ」と悩んだ末、当時はまだ知られていないギフト（プレゼント）の習慣を日本に根付かせたいと考えました。夫の忠も仕事の性質上、海外ではギフトの習慣があることを知っていました。

昭和46年、夫婦二人でビジネスガイド社を創業、まず雑誌「ぎふと」を刊行、将来はギフト市場を国内につくり、雑貨業者の水先案内人になろうと決意しました。

創業から会社の成長までを駆け抜ける

創業にあたっては資金が必要です。親戚から300万円を出資してもらい、中でも忠の母が100万円をポンと出してくれました。

月刊「ぎふと」は6000部からスタート。雑誌は広告で成り立たせなければならないので、広告取りに奔走しているうちに多くのメーカーさんと知り合い、商品知識も増えていきます。

商品知識が増えるにしたがって、ギフト市場は必ず成功するとの手応えを感じるようになりました。しかし、多種の商品を集めたいと思っても、当時は大問屋↓小問屋↓小売店という縦割りの流通構造が確立され、問屋ごとに扱う品目が決まっていました。私たちが新しく立ち上げる市場においては、多種多様の商品をミックスして販売しなければなりませんから、既存の縦割りの流通形態を壊して、さまざまな業種が融合する横断的な流通にしなければなりません。

これが思いの外強固な壁でしたが、私たち夫婦と社員一同が頑張り、壁を突破し、見本市を開催して新しい〝ギフト〟の市場を育成していくことができました。

その間に海外の見本市の視察ツアーを企画し、アメリカやヨーロッパへ行き、情報・知識を得るように努め、また海外の会社とのパイプもできました。海外の会社のトップの方たちと親しくしていただきました。そして、ビジネスガイド社を「買収したい」と何度ももちかけられましたが、その都度、「跡取り息子がいるから」と断りました。

「第1回ギフト&プレミアムショー」を開催してから40周年をむかえ、今では専門性の高いフェアで構成され、感度の高い多彩なジャンルの商品が種々集まる、ダイナミックな空間になっています。

平成21年、本社ビルが完成し、23年に創立40周年を迎えたのを機に、社長を息子の信享にゆずり、私は会長になりましたが、出版のほうは取締役を務めています。

余暇には絵を描き、東京都美術館にメンバーとして出展しています。

カンボジアは わたしの心の故郷

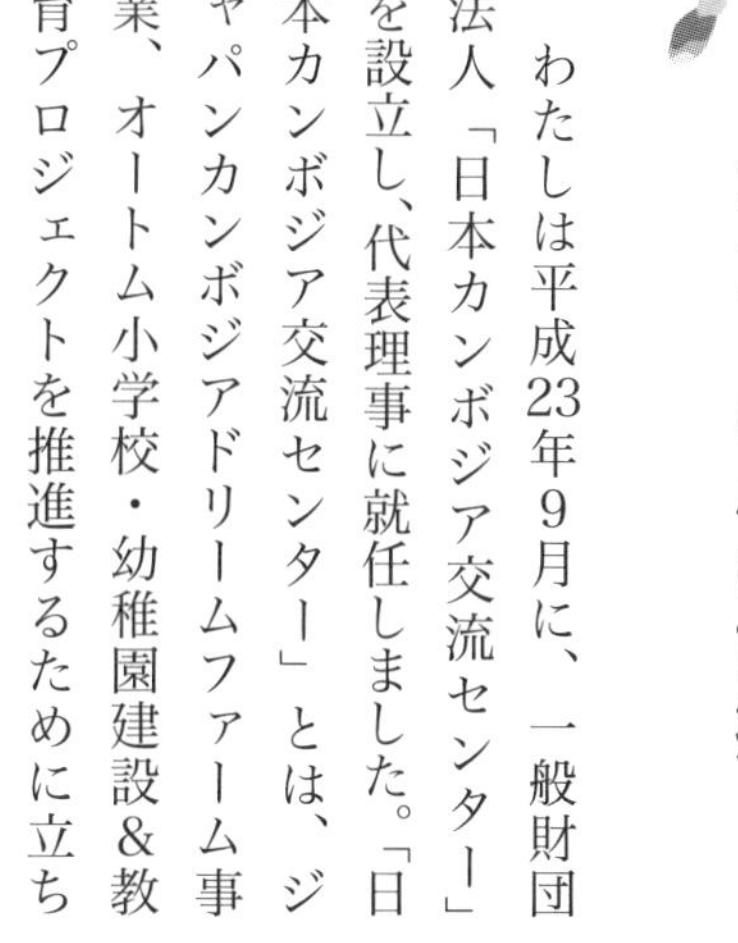

わたしは平成23年9月に、一般財団法人「日本カンボジア交流センター」を設立し、代表理事に就任しました。「日本カンボジア交流センター」とは、ジャパンカンボジアドリームファーム事業、オートム小学校・幼稚園建設&教育プロジェクトを推進するために立ち上げた団体です。

おもえば、平成21年に初めてカンボジアに行き、貧しい農村の子どもたちと出会った瞬間、いてもたってもいられなくなったことがよみがえります。豊かな大地、降りそそぐ太陽、きっち

Profile

大谷美智子

1946年生まれ。大学卒業後、管理栄養士として神戸大学医学部付属病院に勤務。震災ボランティア活動がきっかけで、淡路市（旧淡路町）議会議員選挙に。議員を3期務めた後、日本カンボジア交流センター設立、2014年「はなみずき事業協同組合」設立、ともに代表理事。

り管理すれば、あふれんばかりの恵みになりえる水……。こんなにもすばらしい国に生まれたのに、幼くして亡くなったり、教育も受けられない子どもたちがたくさんいるなんて、わたしには信じられませんでした。

その後ひんぱんにカンボジアに通ううちに、現地でカンボジア人、日本人の多くの知り合いができ、あっという間に応援団ができました。

今回の外国人技能実習生に選ばれた人たちと。

「みんなで一緒に子どもたちを育て、一緒に夢を叶えよう！　みんなが学校へ行ける豊かな環境を作ろう！」という強い思いでスタートした活動でしたが、初めはなかなか思うようにいきません。それでも地道に一歩一歩、前向きに進めてきましたので、今ではカンボジアの孫たちが「日本のおばあちゃん」と言って慕ってくれます。

70歳を過ぎて起業

もともと私にあるのは、行動力です。大学卒業後は管理栄養士として神戸大学医学部付属病院へ勤めていました。結婚を機に退職、子育てが一段落したころ、震災ボランティアの活動がきっかけで淡路町（現　淡路市）議会議員選挙に立候補することになり、当選しました。おかげさまで地域のみなさまが信頼を寄せてくださり、農業、特に有機栽培の玉ねぎ作りに関心をもって淡路のために活動することができました。以来、議員を3期務め、平成17年に辞めました。

現在は、2014年設立の「はなみずき事業協同組合」の代表理事をしています。これは70歳を過ぎた女性でも起業できることを身をもって証明したいと思ったからです。カンボジア・ベトナムから日本への外国人技能実習生受け入れ事業を、元カンボジア領事館職員のクレン氏の協力のもとに推進しています。

同年から始めている、カンボジアに日本の中古の救急車と消防自動車を寄贈する運動も平成29年現在、第3回目の寄贈車2台の輸送を目前にしています。

平成27年からは、カンボジアを豊かにする事業になればと、ココナッツオイルの製造販売を始めました。

カンボジアの子どもたちが、より豊かな生活を、よりよい教育を、よりよい技術を身につけ自国の発展のために活躍してほしいと、心から願っています。カンボジアの10年後、20年後をイメージしながら……。

ケーキ作りは私の原点

大きなデコレーションケーキに立てたローソクを灯し、家族や友達とお誕生日のお祝いをしてもらったのは、太平洋戦争（第二次世界大戦）の始まる前の上海で、昭和15年10月、私が5歳になった時だった。みんなで見つめたそのケーキに、乗っていたバタークリームの薔薇の花を食べた時、美味しくてうっとりしたのが、私のケーキ作りの原点だったのかもしれない。

祖父は明治の頃、ハワイで和菓子屋をしながら洋菓子作りを習得、帰国後博多の街でデコレーションケーキなど

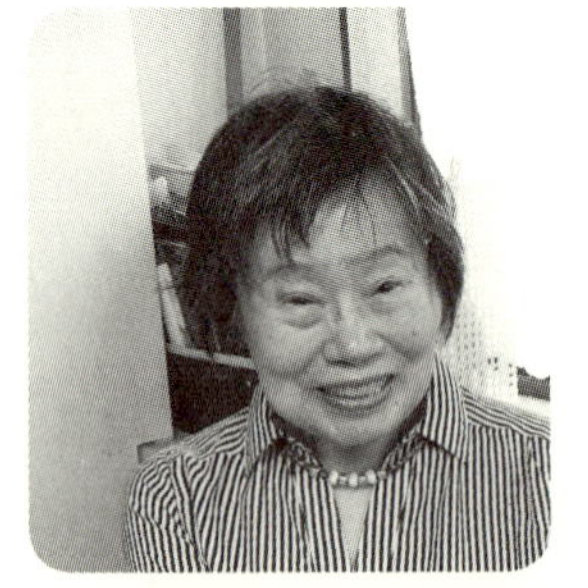

Profile

高橋　玲子

1935年長崎県生まれ。5歳で上海へ。大戦が始まり1942年国民学校へ入学、2年生で江西省九江へ転居、4年生で学童疎開で廬山へ、そして終戦。膨澤収用所で共同生活の後、引き上げ、船、貨車、船と乗り継ぎ博多港へ。母の実家山口県から飯塚市へ。19歳で上京。羽村市で趣味のお菓子教室を1995年まで開く。現在は月1回のカフェを開催。

を売り出した、洋菓子屋の草分けだったと聞いた。三男の父は菓子屋を継がなかったが、子どもたちによく菓子を作って食べさせてくれた。

終戦で中国から引き上げ、まず母の実家山口県に落ち着き、それから飯塚市へ。貧しい暮らしを抜け出すために19歳で上京し、ＯＬになり、やがて結婚、1女をもうけた。

父を見て育った私は、お菓子作りが大好きで、あちこちの教室によく通った。

そのうち教えてほしいと頼まれて、東京羽村市で趣味のお菓子教室を始めると、ますます勉強に熱が入り、プロにまじって講習会や勉強会へ出かけた。先生についてスイス国立製菓学校へも勉強に行った。自分の教室のお菓子展を催したり、新聞に掲載されたり、テレビに出たりもした。

そうするうちに、双子の孫が生まれることになり、もう60歳だし引退だと、教室は平成7年に辞めた。赤ちゃんや小さい子どもが大好きな私は、孫がかわいくて娘の育児を手伝うことができて嬉しかった。

カフェでお菓子作りを再開

早いものでその孫も成人式を迎え、私は80歳を超えてしまった。それでもお菓子作りは辞められない。夫の介護をしながらも、平成26年より月1回のカフェを開くようになってから3年になる。

パリ祭にちなんで
フランスのお菓子を作る。

集まるメンバーは17名、日時も会費500円も決まっていて、市会議員や大学教授をはじめ地元の有志も多い。

　このカフェで私は、何を作れば喜んでもらえるか、それを考えるのが楽しい。

　たとえばこの7月は、一足早いパリ祭として、フランス国旗と国歌の百合を飾り、フランスのお茶を用意、フランスパンを焼き、クレープのフルーツ掛けに小さい三色旗を立て、エスカルゴの代わりにタコのエスカルゴ風を作った。甘いものが苦手の人もいるので、全員に行きわたるように他のおつまみも用意している。

　ここに集う人たちの中には、男女ともプロ並みのシャンソン歌手もいるので、大いに歌ってもらい、気分は上々、楽しいパリ祭ができた。

　ケーキを食べた人の笑顔が生きがい。来月は何を作ろうかと思案中。まだまだ辞められない。

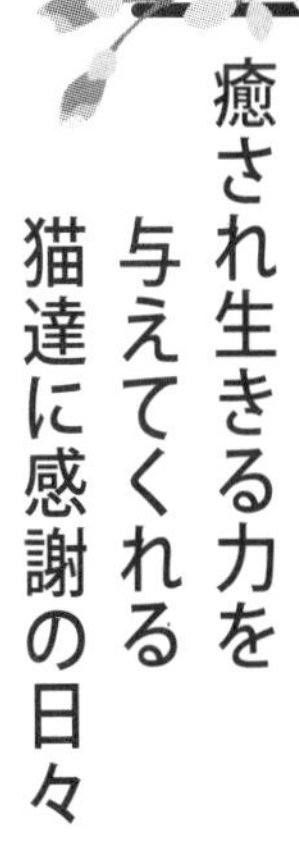

癒され生きる力を与えてくれる猫達に感謝の日々

我が家には現在4匹の猫がいます。息子と2人暮しの我が家の主人はこの猫達で、私は毎日この猫達に癒され、生きる力をもらっているのです。

この猫達は、高いところが苦手で最も運動神経の悪いスコティッシュホールドという種類で、ふるさとは、和歌山県です。2匹はスコティッシュホールド特有の〝折れ耳〟で2匹は〝立ち耳〟です。7歳のルナとアンナ、6歳のソーナと3歳のミーナとの4姉妹で、ソーナとミーナが〝折れ耳〟です。ス

Profile

白鳥早奈英

1939年中国青島生まれ。栄養学エキスパート。1987～1999年アメリカ在住。アメリカジョージア州立大学・茨城キリスト教大学大学院で学ぶ。帝京平成大学大学院健康科学部卒業。エモリー大学講師。日立製作所本社勤務・光文社「女性自身」記者。1982年わが国で初めて栄養学面から「食べ合わせ」を提唱。『やってはいけない食べ合わせ』等著書100冊以上。海外講演はじめテレビでコメンテーターを務める。

コティッシュホールドの得意とする〝スコ座り〟のできる猫はおらず、我が家の猫達の得意は〝ダコ座り〟です。

4匹の猫たちは姉妹ですが、性格は全く異なっています。年長のルナはスコティッシュホールドには珍しいつり目の美猫。愛嬌のあるいたずらっ子ですが、部屋の片隅でションボリしている猫を見つけると、猫パンチをしかけて遊びに誘うなど、気配りのできる完璧な性格で、リーダー的存在です。そして、常に私のそばにいる寂しがり屋です。

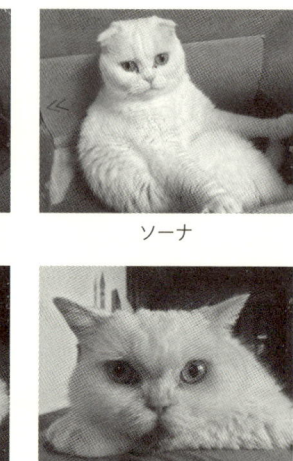

ソーナ 　アンナ

ルナ 　ミーナ

アンナは、目の縁がピンクのお色気のある猫でシャガレ声で鳴きます。全く周囲に気配りをしないマイペースの猫です。体は一番大きいのですが、出版社から送られて来た小さな段ボール箱がお気に入りで、この中で体を丸めて寝ています。ソーナは、目の色がグリーンとブルーとの〝オッドアイ〟で、性格も飛び切り変わっています。いつもキョトキョト、チョロチョロと部屋の中を歩き回

っているので、ソーナと呼ばれることはなくて「チョロン」と呼ばれています。臆病者で、お客さまが見えるや否やクローゼットを器用に開けて隠れてしまいます。ミーナは、生後6か月程度の小さな体で、鳴き声は赤ん坊のように幼く、アンナと同じくシャガレ声です。甘えん坊ですが一番気が強く、年上のアンナにケンカを売ったりします。おやつの時間のリーダーです。

猫達は、みな甘えん坊で、マイペースで、いつも思い思いの場所で多くの時間寝ています。みんな仲が良いのですが、ソーナとミーナは特に仲が良く、一緒に行動します。年下のミーナは、なんでもソーナの真似をします。ミーナが水を飲むときの、手を水の中に突っ込んで、シャカシャカとかき混ぜてから、ほっぺたを水につけて飲む仕草もソーナのまねです。ソーナのカチカチ歩きは、今は亡き雄猫みるくの真似です。

食事もそれぞれにしますが、私は、この猫達に1日1回だけおやつを与えます。その時間は、私がテレビを見る前にカモミールティを飲む夜の9時頃です。この時間は一番幼いミーナがリーダーです。ミーナのニャオニャオという甲高い鳴き声で、全員が台所に集合します。ミーナは最も食欲が旺盛で食べるのも早く、年長のルナがしんがりです。人と同じく、猫も食べるときに一番性格が表れます。

私にとりまして、この猫達と過ごす時間が何よりの至福の時です。この猫達の汚れのない愛に心が洗われ生きる力をもらい、さらには、この猫達から学ぶことも多く「人生の師」でもあります。この猫達に「百万回のありがとう」を。

地域サポーターと鎌倉市歌体操

今から10年ほど前に鎌倉市の広報紙に「鎌倉市地域サポーター養成講座受講生募集」の記事があり、体操を指導するうえで役に立つ知識が得られるのではないかと思い受講しました。

講義の内容は、今後増え続ける高齢者がいかに自立して自分らしく生きられるか、またそのために何が必要で、どのようにしたら良いのかなど、かなり高所からの視点での話が多く、体操の指導には直接役立つものではなかったのですが、私にとっても「明日は我が身」で考えさせられることが多くあ

Profile

中井　匂

1941年中国河北省秦皇島市生まれ。小学校5年生まで金沢、以後鎌倉市在住。鎌倉市スポーツリーダー、日本体育協会C級指導員、日本体操協会一般体操指導員、日本心理学会の認定心理士、日本障がい者スポーツ協会障がい者スポーツ指導員、鎌倉市歌体操普及員などの資格を生かして活動中。
趣味は押し花・編み物・お菓子づくり・水泳。

りました。

6回の講義とグループワークの間に受講生同士の仲間意識が芽生え、講義が終了するころには、地域サポーター1期生として、市職員の提案と私たちの意思で「地域サポーター連絡会」を作ることで話がまとまりました。

会員は月に1回集まり市の職員を交えて、それぞれの地域における問題点や課題を話し合い、すでに介護予防サロン活動をしている仲間もおり、私にとっては大きな刺激になりました。一方、市の要請に基づいて、体力測定やサロン等の仲間づくりのお手伝い等もしていました。

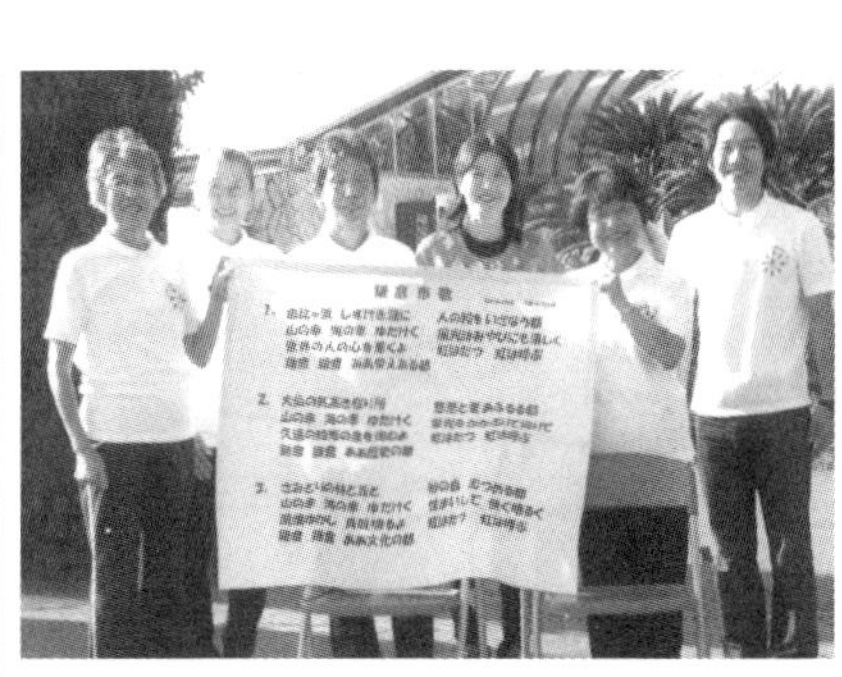

「鎌倉市歌を掲げる地域サポーター。

そんな中で、地域サポーターとして何か形のあるものを作ろうという機運が高まり、話し合いの中で、介護予防には〝運動〞も大切な要件の一つではないか、と話が決まり、ラジオ体操のような簡単で親しみやすいものを作ろうということになりました。音楽を決める段階で、著作権や種々の問題にぶつかり困惑していましたが、「鎌倉市民が市歌を使ってもいいんじゃない？」ということになりました。

鎌倉市歌は市制30周年を記念して作られたものですが、ほとんどの市民が「市歌」を知らないのが実情でした。そこでわれわれ地域サポーターが市歌に合わせて「体操」を作り広く市民に知ってもらい、市歌と体操の両方の普及に努めようということになりました。

さて、体操の振り付けはサポーターの仲間で「ああでもない、こうでもない」と議論を重ね、なんとか完成。最終的には神奈川県健康財団の健康運動指導士の方にチェックしていただき、めでたく「鎌倉市歌体操」が出来上がりました。

その後はご当地体操の「鎌倉市歌体操」を普及させるために、鎌倉市の体操祭・みらいふる鎌倉の芸能祭・各地域の体操教室・大船フラワーセンターでのデモンストレーション・老人会などに出向いて普及活動に力を入れています。

大船フラワーセンターで
市歌体操のデモンストレーション。

合わせてＤＶＤを作製し、ご当地体操の「鎌倉市歌体操」をもっともっと大勢の市民に知ってもらおうと頑張っているところです。

サポーターとしては市歌体操だけでなく、高齢者にとってとても大切な誤嚥予防のための、お口の体操「健口体操」を作り、あわせてパ・タ・カ・ラの健口体操の歌を「ウサギと亀」「線路は続くよ」の替え歌で作り、仲間の歯科衛生士さんの指導のもとに「健口体操」の普及にも努めています。

こんなことをいろいろとやりながら、日々を過ごし、健康で、できるだけ介護のごやっかいにならずに、お迎えが来る日まで元気で走り続けたいと願っています。

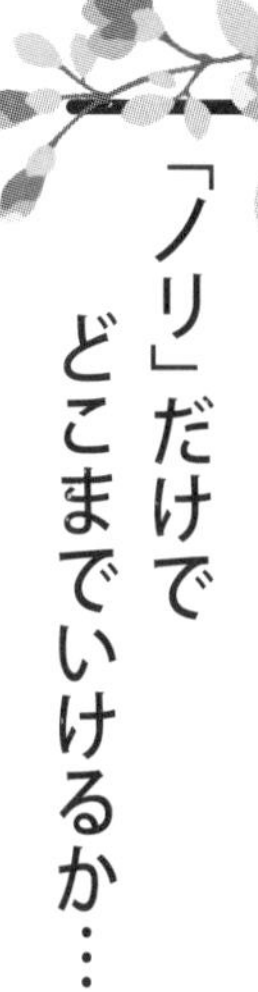

「ノリ」だけでどこまでいけるか…

ずっと数字は苦手である。

子どもの頃から目標値を掲げず、今日、明日を昨日とちょっと違う暮らしにしてみようと進んできただけな気がする。

子育てもノリだけだったし、仕事もそうで、歳は考えなかったというのが当たっている。

要するに、生活設計というものがなく、気が付いたら70代だったので、「去年できたことができていれば、その分若返ったということ」と言われたときはビックリした。

Profile

志垣　豊子

50代女性の異業種交流ネットワーク「50カラット会議」代表を経て、OBたちの特技や知識を楽しみ合う「ドリカム60」を続行中。「50カラット会議」は笑うこと、喋ることが大好きな医者、料理研究家、建築家、編集者、心理学者、作家、画家、ファッションデザイナー、市場調査研究者が集まり、企業に向けて自分たち世代の生き方に沿った商品や情報発信への提案を行った。著書に『笑ってごはん』（家の光協会）、『キレイは50歳から』（朝日出版社）など。

とはいえ、50代半ばにフト「年齢」で立ち止まった。親を看取るが子には看取られない初めての世代意識や、世の中で始まった長寿高齢化時代への取り組みに、その対象予備軍として「なぬ？」と危機感を抱いたからである。若い開発担当者の「老人とはこんなもの」という思い込みに、実像を知らせたい気持ちが湧き出たのである。

50カラット会議をスタート

そこで始まったのが、50代以上の女性たちが結集。それぞれの領域で活躍する女性たちの知識や体験を交叉させて、自分たち世代の生きるイメージを整理して、企業の商品づくりや情報発信の方向に提案しようと生まれたのが「50カラット会議」だった。

このネットワーク活動は、それまで関わりのなかった異業種の人たち、同業でも共働の習慣のなかった女性たちが交じり合うステキな機会で、現役を離れて60代70代になっても人柄や話の面白さに魅かれて集まり、いまは「ドリカム60」という社交ネットになっている。

週に1度の気功指南は、50カラット会議で「状況分析ならこの人」といわれた元アナリストだし、季節の変わり目の食事会担当は、ぞろぞろいる食いしん坊な料理愛好家がかわりばんこ。

仕事を離れてみると、思いがけない情熱も吐露されて、周りを元気づけてくれることも。
例えば、ほろ酔いに披露された歌はこんな具合である。

新しき恋一つあり夏至の日に隠しおくよう髪束ねゆく

恋するというのでもなくひたすらに瑞々しさに打たれたき吾

海辺にはそのまま残る心地する大好きという簡単なこと

あたりまえに老いゆくことを拒みおり髪の止め方靴の履き方

二十万余の語彙掲げいる広辞苑されど探せぬ今日の心は

だから何！　百人一首に言ってみる十二単脱ぎ走りに来ぬか

いずれも「詠み人しらず」ですけどね。

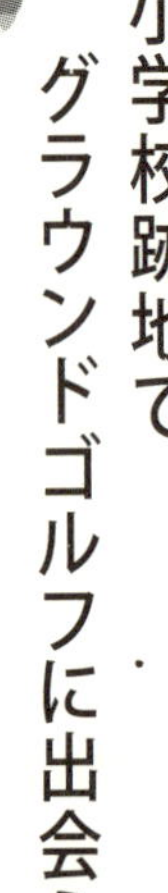

小学校跡地でグラウンドゴルフに出会う

我が家のすぐ近くにある小学校が閉校になるとの噂を初めて聞いたとき、「寂しくなるなあ」とは思いましたが、一方で、「跡地には何ができるのかな」と期待もしていました。

プールができるといいなあとか、公営のちょっとした宿泊施設もいいなあとか、いやいや10年後に私がお世話になる老人福祉施設がいいかもなどと、勝手にプランを立てていました。でも市にそんな予算はないだろうし、いっそ民間に売却し商業施設にならないかなあ、その時はホームセンターがいい

Profile

高田　明実

1946年栃木県生まれ。大学卒業後、出版社に勤務。結婚後、情報処理関係の会社に1年ほど勤務。子育てが一段落してから、都内の専門学校で1年、自宅近くの専門学校で17年、非常勤講師を勤める。趣味は、読書、楽器を習うこと。家では、読書か、ここ13年ほど習っている二胡の練習をしていることが多い。読書も二胡もグラウンドゴルフも、老後の友として、大切にしていきたいと思っている。

なあなどと、これまた勝手に思い巡らせていました。

実際には跡地は、閉校後1年半たった今も、何にもならずにそのまま。その校庭で、今私たちはグラウンドゴルフを楽しんでいます。

閉校後2か月ほど経ったころ、学校近くの家々のポストに、水色のチラシが入りました。利根川の河川敷で活動をしている、創部20年の老舗のグラウンドゴルフクラブから、「学校跡地でもプレーすることになったので、ご近所の方々も参加しませんか」というお誘いでした。なるほど、跡地は跡地のままでいいのだと、気付かされた瞬間でした。

生涯楽しめるスポーツに巡り会う

跡地に何ができるのかを楽しみにしていた私は、公共施設や店舗といった有形のものではなかったものの、「跡地にできたクラブ」に入部しました。それまで私は、グラウンドゴルフというものを全く知りませんでしたから、「その小学校の跡地」での募集ということでなかったら、たぶん、一生縁もなかったことでしょう。

入部後間もなくから、私はグラウンドゴルフにかなりはまっていきました。本当に楽しいスポーツなのです。

グラウンドゴルフは、各スタート地点から15m、25m、30m、50mの位置にあるホール（各2ホールずつ）まで、何打でボールを入れられたかを数えていくスポーツで、もちろん数字が小さいほどよいわけです。最長でも50mですから、一打で入ることもあります。でも、ゴルフと違って、ホールは地面に置いてあるだけなので、ボールが直径36センチのホールの中で止まらないとダメ。力いっぱい打つとホールを素通りして抜けていってしまいます。

グラウンドゴルフは、大まかなルールはそれほど複雑でないし、少々足腰に不調のある人でもできるし、スコアの差は出るものの、卓球やテニスのように直接相手と戦うわけではないので、のんびり穏やかにゲームを楽しむことができます。しかも、「誰か」とは戦わないにしても、自分のスコアをよくしたいという向上心は湧いてきます。私も、すっかり忘れていたこの「向上心」なるものに、はまっているのかもしれません。

5、6百人も集まる大会で、入賞者が80歳代の人であることも珍しくなく、一緒に回った人が92歳ということもありました。どうやら私は、学校跡地で、生涯楽しむことができるスポーツに巡り会えたようです。

人生は真剣に楽しむための旅

大学を出て、旅行代理店日通航空へ3年勤務のあと、英語力を買われ雑誌『荷役と機械』へ転職、そこで翻訳の仕事に携わる。結婚し、子どもが生まれて退職、自宅で翻訳や中・高校生対象の英語塾をしていました。現代の若者は職業観について一つの職種、職業、企業に属するのでなく、横断的にマルチに活躍していますが、私も生活者としての自分、仕事、趣味、親の介護を、その都度バランスをとりながら同時並行で50代まで続けました。

40代半ばすぎると子育ての目途がつ

Profile

姫井　敏子

1942年東京生まれ。大学卒業後、旅行代理店日通航空を経て雑誌『荷役と機械』で翻訳に携わる。生活者、仕事、趣味、親の介護をバランスをとりながら50代まで続け、50代半ばから絵画に専念。2010年に個展を開催、以後各種公募展に出品。現在、新象作家協会会員。

き、そろそろ自身の老後の楽しみにつながるように自分自身に投資する余裕ができて、選んだのが絵画（絵を描くこと）でした。

絵画を選んだのは、大学時代にダリの個展で感動したことが強烈に印象に残っていたからです。ダリの常識的な視点を超えた創造の世界に新鮮な驚きを感じました。そもそも私自身が常に常識というものに疑念を抱いていたので、ダリの絵を見ることによって世間一般の評価と異なる世界に魅了される自分を発見したからです。

新しいことを始めるには1日でも早いほうがいいと、自宅から車で通えるカルチャーセンターに入会、会の指導者は芸大出の立派な、厳格な指導者で基礎からみっちり指導していただいた。10年間、まるで美大生のようにみっちりデッサンの基礎をたたきこまれました。

50代半ばを過ぎると、いよいよ絵画生活に専念できる環境が整い、以後、各種公募展に出品、受賞歴も10回を数えるようになりました。

創作で求められるものは、他者と似た作品ではなく、いかにその作家のみが発信できるものを表現できるか。つきつめれば、「私自身のアイデンティティーは何か」、「私とは何者か」です。

そこから勉強を始めました。「自分は世界の歴史の中でどこに位置するのか」あるいは「この宇宙の中での位置」を知りたいと、ヨーロッパ、アメリカ、中国、アジア等の前世紀から現代に至る歴史書、さらに人類の起原、宇宙の起原に関する本などを数年間かけて夢中で読みました。そして創作テーマとして、生命の根源を象徴する素粒子に想いを込めたのです。

現在、私の作品は立体のインスタレーションで、創作の特徴は、作品が出来上がると自分のなかで「過去」のものとなり、新しい作品に取り組むときは、過去の自分を壊し、さらなる進化を追求しようと実験精神で模索、挑戦を続けることです。まさしく、「人の細胞は毎日、古いものは壊し、新しいものと入れ代わる」(古いものを壊さなければ新しいものは入ってこない)という生物学者福岡伸一氏の「動的平衡論」を実感しています。

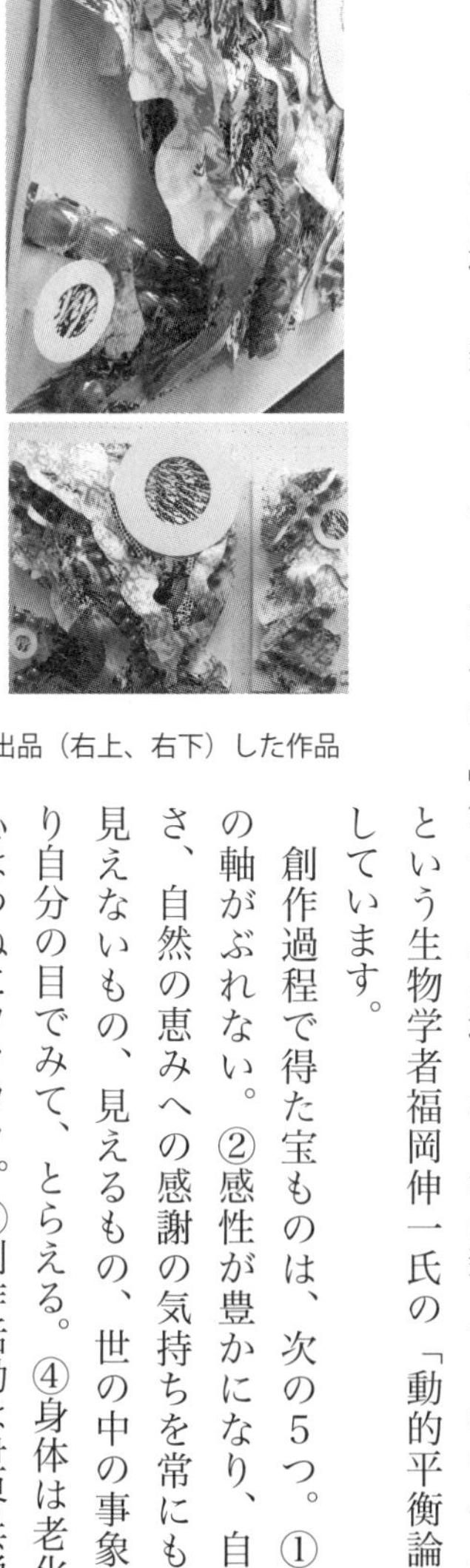
今年６月に東京都美術館に出品（右上、右下）した作品

創作過程で得た宝ものは、次の５つ。①自分自身の軸がぶれない。②感性が豊かになり、自然の美しさ、自然の恵みへの感謝の気持ちを常にもてる。③見えないもの、見えるもの、世の中の事象をしっかり自分の目でみて、とらえる。④身体は老化するが、心はつねにワクワク。⑤創作活動は世界共通なので、世界中のアーティストと共通の感性を分かちあえ、創作への新鮮な刺激とモチベーションを得られる。

２０１０年の個展を初め、各公募展、グループ展などに出品、２０１７年も新象作家協会展に出品、今秋、個展を計画しています。

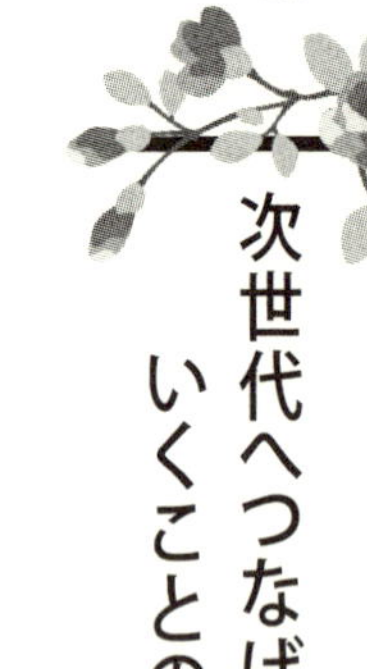

次世代へつなげていくことの大切さ

今から十数年前、私は新聞で「日本が米国と戦争をしたことを知らない大学生がいる」という囲み記事を読み愕然としました。

そんな折、NPO法人「昭和の記憶」から「聴き取り」の仕事を頼まれ、戦時中の体験を聞くボランティアをしました。手始めに母から、そして母の知り合い、私の友人の両親…と、皆様の生き様を聞かせていただきました。

ある方は、従軍看護婦として戦地に行き、兵站（へいたん）病院での業務を、終戦前の、兵士らとの逃避行をと、まるでドラマ

Profile

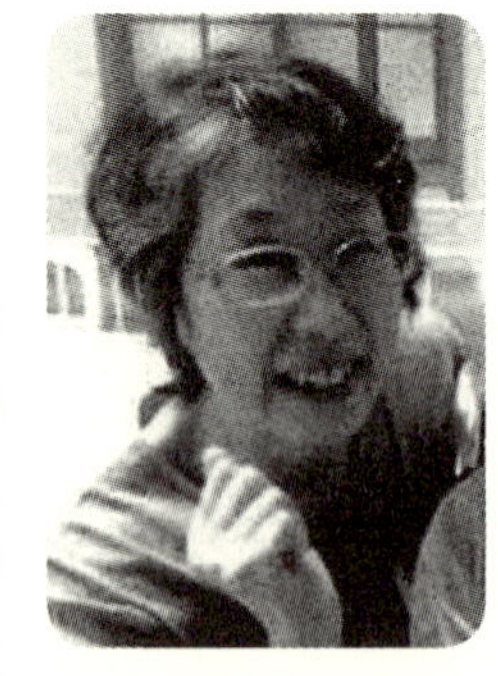

副枝志保子

1944年東京生まれ。1965年短大卒業後明治乳業研究所に入社。68年結婚、小平市に在住。77年夫と死別。私と子ども2人で実家に身を寄せる。短大で教授の助手、明治乳業関係会社での勤めを経て、表現研究所総務課に入社。2004年定年退職。聴き取りボランティアとして活動、メディアで紹介される。母の介護のためボランティアを辞め、2015年母を100歳で見送る。

を聞いているようでした。看護婦さんにも召集令状の赤紙が来るとは知りませんでした。

また、蔵が三棟あったという方からは、蔵の白壁が敵機に見つかり易いということで、大人と子ども総動員で泥だんごを作り白壁めがけて投げて壁を汚したんだというお話もありました。辛かった時の話だけでなく、目を輝かせて盛り上がったのが「結婚」の話、男性も女性も楽しげに話し、とても賑やかになったのです。

私は、みなさんに「今のお話を、お子さんやお孫さんに話した時の反応はいかがでしたか」と必ず尋ねていましたが、多くの方が話していない、とのこと。「何てもったいないこと！」と思いました。人は、往々にして学習しないものです。過去を知ることは大事なことだと思うからです。

日本人はよく、今までのことは水に流して……と言いますが、私は流してはいけないと思っています。語り継ぎを受け継いでいく、そして人の話は真摯に聞く、このことは年を重ねた今、よく身に沁みてわかります。しかし、語れずに胸に秘めている人もいます。語れる幸せ、語れぬ苦しみもあると思います。

私たちが、先人たちの知恵や経験を継いでいかなければいけないと、聴き取りをしていて感じたことを思い出しました。

世の常として過去は忘れ去られます。だから生きていかれる、という人もいます。普段忘れていても、振り返った時、その過去をひっぱり出せる「引出し」は作っておきたいと思います。

過日も孫たちと小田急線に乗った時、孫が「混んでるねぇ」。「おばあちゃんが若かった頃は、もっと混んでいて窓ガラスが割れたこともあったのよ」と話すと、孫たちは驚いていました。

昭和の時代、サザエさんの時代は、一家団欒があたりまえ、この時代に育ってきた世代としては、一家団欒のぬくもりは忘れ難いものです。特に夕食は一家でワイワイお喋りしながらの楽しい時間でした。話が弾みすぎて、母が「あらっ大変、こんな時間に」もしばしばでした。フネさんは、私の母と重なるところがあります。

浅草・浅草寺前で孫たちと。

私の両親は、自分たちが体験したことを折に触れ話してくれました。ですから、子である私も、結婚して家族ができると、同じように食卓を囲んで団欒を楽しんでいました。

再び両親と暮らすようになってからは、今度は私の子どもたちが祖父母の話を熱心に聞いていました。父が、二・二六事件の時のガリ版刷りの「決起趣意書」や、東京裁判の「傍聴券」などを孫たちに見せ、その時の様子を話していました。

両親のように、こんどは私が、子・孫たちへ「話す」ことで、次の世代へ何かを残すこと、つなげることになるのではないかと思っています。

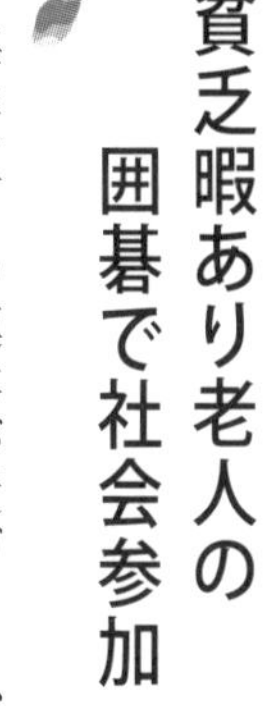

貧乏暇あり老人の囲碁で社会参加

毎年五月の連休が近づくと、テレビや新聞は、

「今年は、暦の関係で九連休、八連休だ」と騒いでいる。それを耳にすると、年寄りのやっかみと知りつつも、私は、「なんとけちな話だ、私などは三六五連休だぞ。参ったか？」と、叫びたくなる。

現役を退いて長い連休に入ってから十数年経つ。引退の挨拶では、これからの生き方は、「右手にゴルフクラブ、左手に碁石を持ち、口にはグルメ」と、同僚の前で語ったのであるが、そのゴルフも大病を契機に出来なくなる。そ

Profile

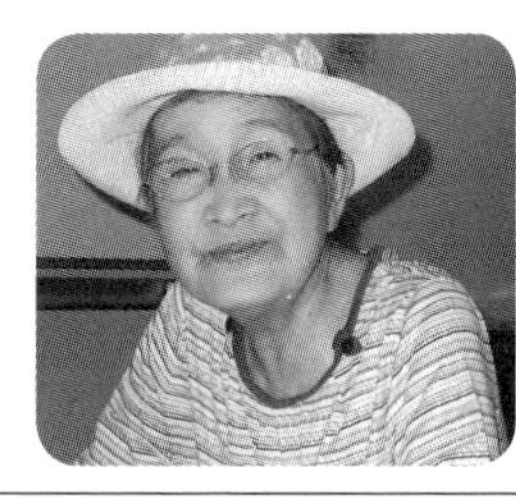

篠原富美子

1942年生まれ。2001年に電機会社を定年退職、しばらくの間、個人事業SINOWorksを起こし、子会社で「情報の電子化」の手伝いをする。病気を契機に辞め、今は、「松渓ふれあいの家」の囲碁ボランティアと「NPO法人　シニアSOHO普及サロン三鷹（http://www.svsoho.gr.jp/）」で、シニアを相手に碁を打ったり、パソコンの指導等をしながら日々「おもしろ・おかしく」笑って過ごす、ずっこけおばさん。

個人サイト：http://www.fsino.com

して、口にグルメも老いと共に量が減る。こうして最後に残ったのが、左手の碁石だけになる。現役時代から予定の無い休日に通っていた碁会所に出掛ける。

そんな退屈な日々を送っていたある日、囲碁仲間と居酒屋で一杯飲むことになり、「井山は強い、日本の囲碁は中国・韓国に勝てなくなった」等と、囲碁談義や、老人の暇潰しの話に花が咲く。そんなある日、隣に座っていた私より少しばかり弱い碁敵（ごがたき）の男性から、

「篠ちゃん、碁会所が休みの日は何をしているの」と、問われた。

「うーん、何だろう、本を読んだりテレビを見たりと、ごろり・ごろりで、いつの間にか眠ってる」

「それは、健康に悪い、認知症になってしまうぞ」と、別の碁敵が笑う。

「なー僕が行っている松渓ふれあいの家で囲碁のボランティアをしないか？　することは、利用者を相手に碁を打つだけだ」

「いいねー、私の棋力で大丈夫かしら」

「おい、皮肉か？　僕より強いくせに。僕など週に数日通っているよ」

「貴方が務まるなら出来そうね」

彼の紹介で、月曜日に囲碁の相手に松渓に通うことになった。

こうして、古希を迎えたおばあさんの社会参加が始まる。こうなれば、汚らしい老人であってはいけないと、紅の一つも差すようになる。私自身のボケ防止には最適な社会参加である。

このボランティアは、楽しい。強い相手と碁を打つのも楽しいが、大正9年、大正11年生まれのおじいちゃんに囲碁の手解きをし、話をして一時を過ごす。一か月のお駄賃として戴く数千円を手にした日などは、リッチな気分になり「鰻にしようか、ステーキにしようか」と、口にグルメを夢見ながら荻窪駅前のマーケットへ向かう。

現役を退いてからは、テレビのリモコンを「ガチャガチャ」させ、「ごろり・ごろり」の「貧乏暇あり」の生活になっていたが、やはりめりはりが必要である。「金持ち暇あり」なら、ゴルフや競馬・競輪で暇を撫すこともできるだろうが、三六五日が連休の「貧乏暇あり」の老人が、長い一日をボケないように過ごすのには、ささやかな社会参加が何よりである。

そのうえ私には、この歳になっても、暇つぶしに付き合ってくれる超長老のボーイフレンドがいる、幸せなおばあさんです。

娘時代は高度経済成長期だった

私は昭和21年、現在の一関市に生まれました。まさに団塊の世代です。戦後の高度経済成長期が娘時代で、今から思うと幸運だったと思います。

一関市の高校を卒業して上京、日本水産㈱に就職し、寮に入りました。当時の日本水産は捕鯨が盛んで、とても景気がよく、社員の待遇もよかったと思います。私たち女子社員に〝お花〟〝裁縫〟〝編み物〟などを習わせてくれました。ゆかたを縫って知り合いにあげたりしていました。最近まで、その1枚が残っていました。

Profile

武藤 公代

1946年岩手県一関市生まれ。高校をおえて上京、日本水産株式会社（ニッスイ）へ入社、10年後に辞めて電話交換の免許を取得。東京三菱自動車業販へ入社、4年後結婚のため退職。末の子の手がはなれたころ社会復帰する。イトーヨーカドーを経てヘルパーを17年間務めた。趣味は旅行、読書、短歌や俳句をつくること。

また、社員旅行もあり、とても楽しかったことを覚えています。

日本水産では、途中で医務室勤務に変わり、事務の仕事をしていました。そして10年たったころ、友人が電話交換の免許を取るとのことで、私も「これからは資格があるといい」と思い、会社を辞め、早稲田に下宿して電話交換の免許を取りました。

次に就職した会社は、東京三菱自動車業販でした。ここへは浜田山から通いました。勤務して4年目に、縁あって武藤と結婚し、あきるの市の夫の家に入りました。義母はとても元気な人で、それなりに嫁・姑関係も経験しました。義母は最後までピンシャンしていたので、寝た切りの介護はほとんどありませんでした。85歳で大往生、私が59歳の時でした。

3人の子どもに恵まれ、末の娘が手がかからなくなったので、イトーヨーカドーへ勤め始めました。

ある時、胸に違和感をおぼえ、医者に診てもらったところ乳がんでした。けっこう大きくなっていたので、乳房切除手術を行いました。26年前のことです。

幸い経過が良くて、手術後半年で職場に復帰しました。以後、すっかり体調が良くなり、手術前よりかえって健康になりました。

イトーヨーカドーを辞め、福生市がヘルパーを募集していたので応募し、採用されました。50人のうちの一人でした。5か月の研修を経て、ヘルパーとして17年間働きました。

そして今年5月にヘルパーもやめました。というのも、去年家を建て直したおかげで、疲れが体にたまり、本当にしんどくなったからでした。

趣味でおおいに励まされ

私は6人きょうだいの末っ子でしたから、よく母があちらこちらに連れて行ってくれました。ですから、旅行や、お祭りを見に行くことが大好きです。娘をお供に海外旅行へも行きました。まず行きたかった国はエジプトです。ピラミッドやスフィンクス、王の墓など、本当に見たかったのです。ついでヨーロッパ、中国の世界遺産も見てきました。

読書も趣味の一つで、短歌や俳句をつくることも大好きです。若いころには会社の広報誌に応募して、賞をいただいたこともあります。テレビで俳句番組を見て、夏井いつき先生のファンになりました。

ただ一つ心残りは、英語の勉強をしっかりしてこなかったことです。現在の住まいが福生市で外国人が多いので、殊にそう感じます。

いつもの道で

きょうも逢えた　あの人に
雨の坂道　レンガ道
カサもささずに　急ぎ足
角に消えゆく　レインコート
言葉にならず　見送って
カサを持つ手が　ふるえてた

きょうも逢えた　あの人に
いつも通る　坂道で
ほほえみ残し　消えてゆく
心をのぞく　あの瞳
私は知りたい　アナタの名
あしたはきっと　きけるだろう

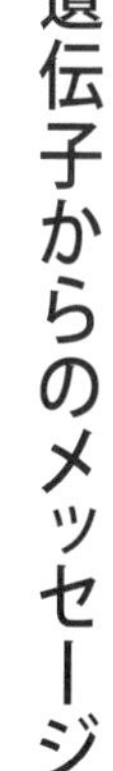

遺伝子からのメッセージ

私は、虚弱体質で、子どもは産めないとの保証付きで結婚しましたが、幸い4人の子どもを授かることができました。ところが、一人産むたびに病気で苦しみました。

昭和55年頃のある時、寝ていると明け方に、どこからともなく声がするのです…「時間がない、時間がない、あなたの仕事は発展させる。されど私欲のために金は使うな」という言葉が毎朝どこからともなく聞こえてくるのです。この頃私は、十歳・九歳・六歳・四歳の子どもに、舅、姑と小姑の九人

Profile

東海林令子

1942年神奈川県生まれ。先天的新生児メレナ。東洋音楽短期大学卒業。小学校の音楽教諭をへて結婚。4人の子育てと9人家族の切り盛りをする。この間甲状腺機能低下、咽頭ポリープ4回、左耳難聴、胃潰瘍、膠原病、頭位性めまい等を患う。昭和57年㈱ヘルスモア、平成4年グリーンフロンティア㈱設立。平成8年外反母趾対策の「足裏しつけ教室」主宰。平成7年（27年一般社団法人）Gジャパンフロンティア協会設立。

家族の世話で多忙をきわめ、仕事とは無縁でした。

ところが、数年後に健康食品販売の株式会社を設立。4人の子育てをしながら、月商1200万円を計上する会社になり、いつか聞こえた言葉のとおりになっていきました。自分の意識の中に全くない言葉が聞こえてくるのです。これは天国か、地獄かはたまた自分の身体の中にある遺伝子からのメッセージのいずれかだと思いました。その後も遺伝子からのメッセージは届いています。でも、それと共に「いばらの道」も届けられてくるのです。

平成元年には「自然と個人との一体化」「日本に古くからあるもので人助けをして、日本人のためになる会社を創りなさい」の言葉が届き、二つ目の株式会社を設立した私は、その言葉通り大麦若葉を主原料にした青汁を作り、職域販売を行いました。しかし現実は厳しく惨敗でした。急遽デパートの展示販売や、ユーザー直結の通販へと切り替え、声も枯れるほどの営業活動に明け暮れました。

また、ある日は「女性が、出産・子育てがしっかり出来るよう、丈夫な身体作りをさせないと、日本はダメになる」

GJF 協会「さつきセミナー」の後、国会議事堂前で記念撮影。

と聞こえます。その言葉がずーっと続くので、私は、明けても暮れてもその事を考えました。そして、米離れをした日本女性が、御飯好きになってもらえるようなお米を作ることにしたのです。生命力が強く、白米より美味しく、手間のかからない縄文時代からの主食を現代に蘇らせたのです。「古代米」を主原料にした日本初のブレンド米を、佐賀県で作ってもらいました。

次の大きな決断は、ある日見た「黒い靴の夢」から思わぬ展開となり、「バランスを崩した足裏から、全身のバランスも崩れ体調不良となる」という理論を学び、外反母趾ケアの『足裏しつけ教室』を開設して20年経ちました。

これまで私に届いた多数のメッセージの中で一番の難問は、「宗教ではなく日本に古くからあるもので、人助けをしなさい」という言葉でした。日本古来の「伝統的精神文化」を現代に伝え残す事だと考え、「Gジャパンフロンティア協会（日本興しの会）」を設立し、『このままでいいのか日本！　もう一度見直そう日本！』を合言葉に、仕事をそっちのけでボランティア活動に励んでいます。税理士の息子から「もう仕事やめたら」と言われますが、お客様が「やめないで！」と言ってくださるので、75歳の青春を謳歌しながら、元気な仲間をもっと増やしていきたいと思っています。これからの日本女性は、出産・子育ての特性を噛みしめ、きめ細かい感性に磨きをかけて、全開でプロペラを回すのです。その音でDNAが目を覚まし、メッセージを送ったり、過去・未来の映像も見せてくれます。21世紀の女性は心豊かにして「マイ・DNA」と楽しく会話しているのではないでしょうか。

寝たきりから一転、起きたきりに

千葉県九十九里の片貝が私の生まれ故郷です。昭和3（1928）年に生まれ、現在89歳です。

子どものころはきょうだいが7人いましたが、今は私と妹が残っているだけです。私の実家は母親が実権をにぎっていて、母には誰もさからえませんでした。私も好きな人がいたのですが、母が海軍帰りの人を気に入り、この男性と20歳で結婚しました。

ところが、この結婚相手が遊び人でまったく働かなかったので、私が魚の加工工場でみりん干しを作る仕事につ

Profile

古川ひろこ

1928年千葉県九十九里片貝川間生まれ。20歳で結婚、魚の加工工場に勤め、みりん干しづくりに従事。空いた時間は農作業もして一家を支える。夫が亡くなると、それまでの無理と疲れで倒れ、寝たきりに。「友拡動幸会（ともかくうごこうかい）」に出会い、健康になり、日々「にっこり健康ぽっくりセミナー」やマジック・ショウをして全国各地で体験を披露している。

き、一家を支えました。しかし、この仕事だけでは子どもたちを養っていけないので、稲刈りもし、米俵をかついで倉庫に運んだりと、朝3時から夜中の12時まで働きに働きづめでした。

それでも貧しくて、子どもには野菜を少し入れた雑炊しかあげられませんでした。

夫が69歳で亡くなると、長い間の無理がたたり、たまった疲れが出て私も倒れました。片半身の軟骨がすり減り、歩けなくなりマッサージにも通ったけれど治りません。さらにメニエール病、ぜんそくが加わり、潰瘍性大腸にもなり血と膿が出る有り様でした。医者からたくさんの薬をもらい、薬づけで寝たきりになりました。

「もう、死にたい」と思い、薬をたくさん貯め込んでいました。「死にたい」「死にたい」が口ぐせになっていました。

そんな私を見兼ねて親戚の女性が、齋藤和文さんの「にっこり健康ぽっくりセミナー」へ連れて行ってくれました。腰掛けて、話を聞くのもやっとでした。

そこで齋藤さんが主宰する「友拡動幸会(ともかくうごこうかい)」を知りました。生涯現役・生涯元気をめざすシニアを応援する活動です。齋藤さんに「1年だけ私に命を預けてください」と言われ、健康になるための指導をしてもらう一歩を踏み出しました。

その方法は、「口で心も体も決まる」というものです。まずは食べ物です。口から入ってくる食べ物を見なおせば、体は変わるということで、バランスの取れた七大栄養素を含んだ食事に変えて行きました。もう一方の口は、言葉です。言葉で心と体も変わるということです。た

とえば、

「もう」↓「まだまだ」に

「すみません」↓「ありがとうございます。＋笑顔」に

「すみませ〜ん」↓「お願いしま〜す」に

「ぼちぼちです」↓「絶好調です」に

「だから」↓「だからこそ」に語尾を上げる

語尾につく3匹の魚　タイ・タラ↓「ます」に

想いを口で十人に言い続けると、「叶う」になる

これらを少しずつ実際にやってみると、1年たったころから体がだいぶ良くなり、どんどん健康になっていきました。髪の毛が増えて、目もよくなり、爪もよくのびて、それまでの私とは違ってきたのです。

今では、全国各地から招かれ、講演しながら踊ったりして、みなさんに私の体験を伝えています。また、齋藤さんにマジックを教えてもらい、一緒にマジックもできるようになりました。ＮＨＫとズームインサタデーでも取り上げられました。

現在は三男と暮らしています。孫が12人、ひ孫が18人、もうすぐやしゃごが生まれます。スマホをいつも持ち歩き、子どもや孫たちとＬＩＮＥで連絡を取り合っています。

昔を思うと夢のような毎日です。

マジック・ショウで。

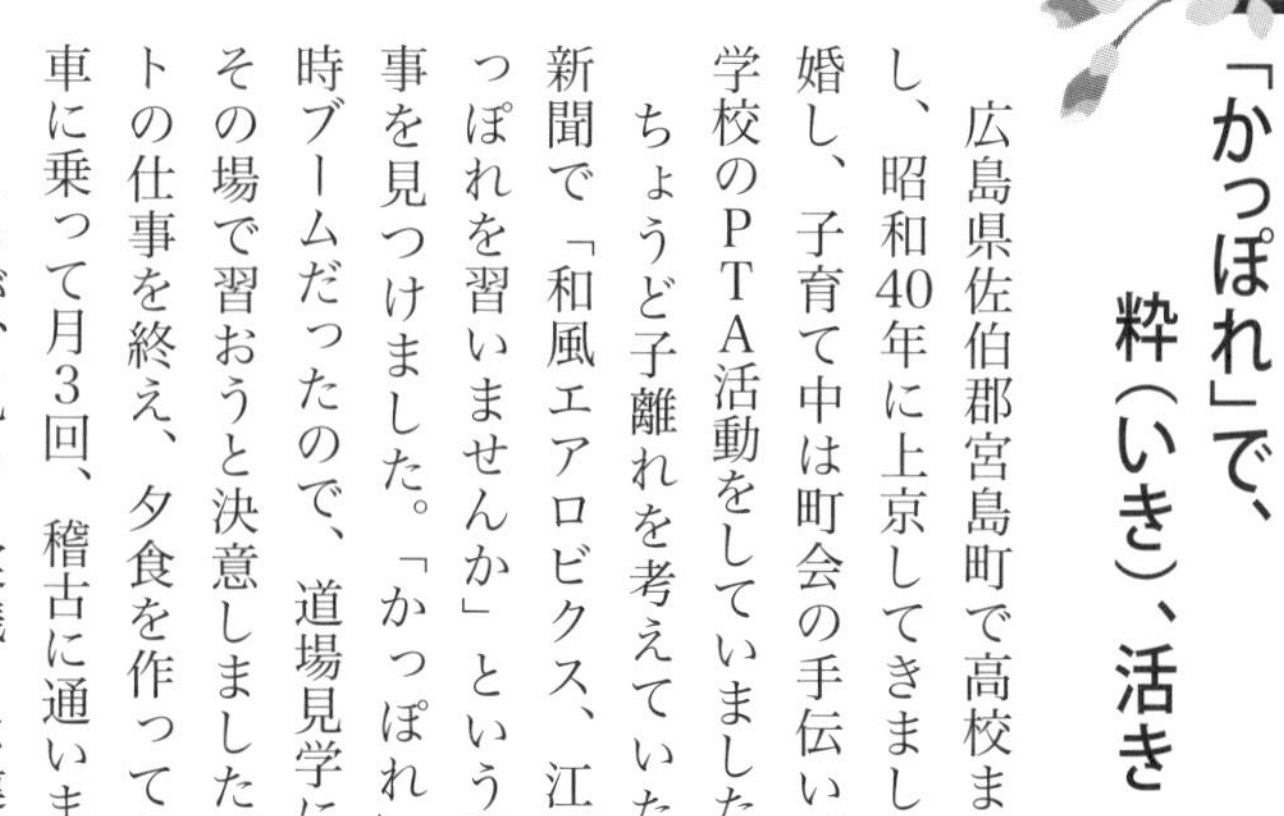

「かっぽれ」で、粋（いき）、活き

広島県佐伯郡宮島町で高校まで過ごし、昭和40年に上京してきました。結婚し、子育て中は町会の手伝い、小中学校のPTA活動をしていました。

ちょうど子離れを考えていたとき、新聞で「和風エアロビクス、江戸芸かっぽれを習いませんか」という募集記事を見つけました。「かっぽれ」は当時ブームだったので、道場見学に行き、その場で習おうと決意しました。パートの仕事を終え、夕食を作ってから電車に乗って月3回、稽古に通いました。

ところが、見ると実践とは違い、最

Profile

松島よしえ

1940年広島県生まれ。1965年に上京。50歳で伝統芸「かっぽれ」を習い始める。2002年、豊年斉5代目家元櫻川ぴん助直門師範に。櫻川寿々慶（すずよし）を襲名。成田太鼓祭り、深川江戸資料館、両国伝統祭などで活動。家元行事への協力として、三社様（月1回）、靖国神社（年5回）への奉納、住吉大社里帰り奉納などでも公演している。

初は難しさも感じましたが年月と時間をかけて、直門師範の許しをいただきました。最初は趣味から、そして教える側へ。道場を持つこともできました。

門下生の皆様と「一期一会」をモットーに勉強に励んでいます。皆様はたくさん種類のある趣味の中から「かっぽれ」に興味をもって道場見学・体験に来ていただいたのですから、「はじめの一歩」が大事で、楽しく、明るくを心がけ、次回もよろしくお願いしますと声をかけています。

門人は男女、年齢さまざまにいらっしゃいます。最高年齢の方は94歳で、82歳のとき名取を取得しました。今も稽古に、イベントに、少し歳の若い人たちと踊っていて、皆様も私も目標にしています。

5月の潮来の大祭での奉納（於・潮音寺）。

「かっぽれ」とは

「かっぽれ」は江戸末期の文化文政時代から二百余年踊り継がれている伝統芸能です。国の無形民俗芸能に指定されています。大阪堺の住吉大社の住吉踊りが原点とされ、お田植神事から五穀豊穣、無病息災、家内安全、商売繁盛を願うものです。

「かっぽれ」のもとは、「おかっ惚れ」が「かっぽれ」になったという説があります。「惚れる」は「愛」とか「好き」とは少し違い、見返りを求めないという心もちでしょうか。

始まりは、初代豊年斉、梅坊主等により、江戸は浅草奥山（現在の浅草寺裏）で、草履をはいて賑やかに行われていました。時とともに多くの人の手が加えられて今の「かっぽれ」踊りになりました。そして豊年斉5代目家元櫻川ぴん助が大道芸のブームの流れに乗り、これを世間に広めました。歌舞伎の舞台でも「空は澄みよし、春霞」の演目で、化粧なく素で、ゆかた姿で演じられます。

大道芸とは、屋外で行うパフォーマンスです。現在は東京の路上で見られるパフォーマンスも、東京都のヘブンアーチストライセンスと許可証が必要になりましたので、ぴん助社中も、許可を受け、指定場所での公演が許されているのです。

「かっぽれ」は組曲になっていて、「伊勢音頭」「深川」「奴さん」「かっぽれ」の4曲が基本になっていますので、この4曲を日々稽古しています。

私も25年余り、ゆかた姿で、赤タスキ、ねじり鉢巻きを頭に、「かっぽれ、かっぽれ、ヨイトナ　ヨイヨイ」と踊ってきましたが、77歳の今でも片足踊りで、元気と笑顔とかけ声で、まだまだこれからもがんばりますよ〜。

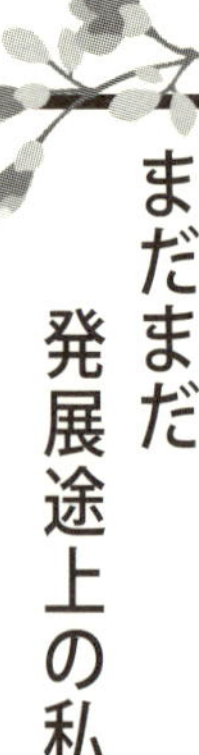

まだまだ発展途上の私

昭和45（1970）年、故郷今治市にて皮膚科医院を夫と開業。当時は従業員の確保に走り回り、レセプト請求の仕方を勉強に行き、住み込みの看護師さんの食事やら、育児に無我夢中の日々だった。

五人の子に恵まれるものの、第三子を亡くし、その喪失感を埋めてくれたのはエレクトーンでした。以後毎年、子ども達と一緒にクリスマス音楽会にピアノとエレクトーンで参加している。昨年は、ピアノでショパンの「ノクターン第二番」と、エレクトーンは「チ

Profile

松本　京子

1942年愛媛県今治市に生まれる。学習院大学入学、自動車部で活動。卒業後、故郷で夫とともに医院を開業。医療事務と家事をこなす。第3子を亡くした喪失感を埋めようとエレクトーンに打ち込む。毎年のコンサートでピアノ・エレクトーンを弾く。平成の初め、俳句作りを始める。夏井いつきさんに弟子入り、また黒田杏子先生の結社「藍生」に入会。句が「瀬戸内・松山写真俳句コンテスト」で最優秀賞受賞。現在までの句集は、「ダリア」「海に遊んで」「ピアノの蓋」の3冊。

ャイナ・ジャンク」を弾いた。こうしてピアノ・エレクトーンを弾くことが、私を支えてくれる第一の柱になった。

また、平成初め、友人に誘われ俳句を作るようになる。新聞の俳句欄に投稿し選ばれた時、母は大変喜んでくれた。父も俳句を作っていて戦地からハガキに書いて送って来たこと、それらが空襲にあって文箱ごと全部焼失したことを、母が初めて話してくれた。

その後、父の友人から戦地の父の遺句3句が見つかったと知らされた。「丈高き芒の中に軽機据ゆ」「秋雨に目覚めて襟をかきあはす」「駐屯の長江の岸菊花壇」胸底まで響いた。

その後、同じ愛媛の俳人夏井いつきさんのエッセイを新聞で読み感激し句会に参加、弟子入りする。また、憧れの黒田杏子先生の結社「藍生」を知り入会する。お二人から俳句の楽しさ、自由さ、奥深さを教えられる。

平成13年、母が発病したので、母が元気な間にと、父の句も入れ、初めての句集『ダリア』を上梓する。「一人住む母のダリアは赤ばかり」からとって書名にし、同時に私の俳号も「だりあ」と付けた。

私の家は父も叔父も戦死したので、戦後、祖母と母が周りの皆様に助けられ、気丈にタオル工場を復興して、一人娘の私を育ててくれた。母を失った時、もう少し良く看病していたら、もう少し沢山話していたら、と悔やまれることが多く、台所仕事中、運転中に急に涙が出たりと、鬱うつとした日々を過ごしていた。その時「藍生」に俳句日記を書くよう頼まれ、母の入院生活の模様を俳句と共に書かせていただいた。懸命に句を詠んでいるうちに、母への慰霊になった気持ちになり、だんだん自分を取り戻していったのだった。

瀬戸内・松山写真俳句コンテストでは、作家森村誠一先生に褒められ最優秀賞に選ばれた。受賞の句「枯れきって花は海星になりたくて」は、枯れ枝の写真とともに朝日新聞に掲載された。

句会では年齢、性別、職業などに関係なく、人と人との触れ合いがあり、対話し、丁々発止の俳句論を闘わす、なんと面白く素晴らしいことか。俳句万歳だ。俳句にまつわる生活が私を支える第二の柱になった。

発表会に向けて練習に励む。

平成14年、子ども達が独立し夫婦二人になった。生涯現役主義の主人は医院で診療を続けている一方、私は雑事で動き回っていたところ、いつしか体力の衰え、膝の痛みを感じ始めていた。

学生時代にはハワイアンのウクレレを弾いていたので、いつかフラダンスを始めたいと狙っていたところ、たまたま友人がフラダンス教室を開いたという。即、今だと、入門、覚えては忘れの繰り返しだが、青春時代に返ったようで、るんるんと楽しくてしょうがない。膝の調子も良くなり一石二鳥だ。これが第三の柱になっている。

まだまだやりたい事を胸に、第四、第五の柱を立てるべく、感謝の気持ちを忘れずに発展途上の私は、句帳片手に今日も前へ進んでいく。

箱入り娘、脱皮して働く母に

戦中の昭和17年徳島市で、国鉄職員の父と働き者の母の長女として誕生しました。母は世話好きで面倒見がよく、いつも悩みをかかえた隣人が出はいりしていました。

3歳で敗戦の色が濃くなったため、父の実家のある川島町へ転居、明くる日徳島は米軍の空襲を受け、市街の74%が破壊、焼失して、私は九死に一生をえました。

高校卒業までの15年間、父親に溺愛され我儘いっぱいに、不自由も苦労もなく過ごし、昭和36年、高知女子大学

Profile

猪子　光枝

1942年徳島市生まれ。1961年高知女子大学へ入学、家庭科の教員を目指す。大学卒業後、小・中学校を歴任。1966年、高校野球で全国に名を馳せた池田高校へ赴任。同校教員の夫と知り合い結婚、退職。二人の子どもを育てあげ、現在はNPO法人JCI Teleworker's Network事務局長。趣味は日本舞踊、ガーデニング、家事。

に入学しました。私の下宿を足繁く訪れ気遣ってくれていた父が、6か月の入院後、急逝しました。大学1年の秋でした。

家庭科の教員を目指していたので、大学で教員の免許をとり小学校、中学校を歴任、昭和41年に池田高校に家庭科の教師として赴任しました。初めての授業の教室が別棟の2階とのことで、前まで行ったが2階への階段がない、そこへ若い男性教師が通りかかり、「2階の教室へはどうやって」と問うと、彼は2階のベランダを指して「あそこへは梯子を架けて上がります」「梯子はどこにありますか」「用務員室にあります」「ありがとうございました」と行きかけた私に「ごめんなさい。冗談です。昇降口は建物の向こう側にあります」

これが夫との出会いでした。

苦労人の夫には童女のように無心な私が驚きだったようで、「手取り8千円の私ですが、結婚してください」とプロポーズされ、昭和41年末、鳴門市に嫁いだのです。

結婚を機に退職したのですが、産休教員の代理を頼まれ、臨時で養護学校に勤務、そのとき私も妊娠中でした。そんななかで生徒を海水浴へ引率し、生徒と自分の身体をロープでつないで水遊びをするのは大変な力仕事でし

平成27年度「総務省・ふるさとテレワーク実証事業」キックオフに参加。

た。直後に流産しかかって緊急入院、かろうじて持ちこたえ、長女を出産できました。

子育て中、家で近所の子どもたちを集め学習塾を始めたのが、いつのまにか生徒が50人を超えるようになっていました。

長女が嫁ぎ、長男も県外の大学院へ入ったので、県西の高校に単身赴任していた夫の宿舎へ移りました。酒好きな夫のために運転免許をとろうと、50歳を過ぎて教習所へ通い、実技で何度も失敗を繰り返したあげく、合格しました。

これから少しゆったりとした生活を、と思っていたところ、夫は退職間際に突如、「障害者のために、ＩＣＴを活用した在宅就業の仕組みをつくる」と宣言、私の思いは、霧散しました。「ＪＣＩテレワーカーズ・ネットワーク」の「事務局長」という役職をあてがわれ、裏方の私は教材の印刷・製本、そして10名を越す若者たちの昼食作りにてんてこまいでした。

夫は退職金を、ほぼ全額投入して活動拠点のログハウスを建て、障害者施設を巡回して、パソコンを教え、ログハウスに若い障害者を集めて仕事を受注し始めました。やがて、中央省庁の事業も受託するようになり、平成27年度「総務省・ふるさとテレワーク実証事業」に採択され、採択事業者15団体中ＮＰＯ法人はＪＣＩだけでした。私は予算執行の統括責任者を仰せつかり、理事長に随行し本庁での会議に出席し、所信表明のタイムキーパー他を担当しました。

今年、75歳になり結婚して50年、「もうそろそろのんびりと」と思う一方で、「彼は、次に何を企んでいるのだろう」と期待している自分がいます。

子どもの教育に関わって37年

私は、鹿児島市で生まれ育ち、短大を出て23歳になると同時に結婚し上京しました。父は地元の高校の校長、母は民生委員や少年保護司、家庭裁判所の調停委員などを20年以上務めました。

夫は同じ鹿児島出身の国家公務員で、9回も国内各地を転勤しました。後年の3回は息子たちの学校の関係で単身赴任でしたので、時間の余裕ができた私は、自宅近くの町内自治会館で学習塾（公文式教室）の経営を始めました。専業主婦だったため、初めは戸惑いもありましたが、やがて軌道に乗り、生

Profile

髙田　蓉子

1938年鹿児島市生まれ。短期大学を卒業後、23歳で結婚、上京。男の子3人に恵まれる。時間の余裕ができ学習塾経営を始める。学習面だけでなく、家庭の父母との話し合いにも時間をさく。3年前、学習塾を辞めたが、指導者仲間のすすめでアシスタントとして復帰。今後も自立して生活できるよう心がけ地域の交流会、スポーツ、趣味の会にも積極的に参加。

徒数も増え、数回の表彰も受けることができました。
以後、現在78歳になるまで37年間、多くの子どもたちの教育に関わってきました。

教室で子どもたちと。

さておき、教師の家庭に育ち、ほとんど社会で働いた経験のない私は、子どもたちの家庭でのあり方や、各家庭の躾の違いや主張にたびたび悩まされました。親たちとの話し合いにも多くの時間を割いてきました。「三つ子の魂百まで」と言いますが、幼児、子どもの時の家庭教育や躾は、その子の人格形成に大きく影響します。

教師冥利に尽きる経験もしました。問題児だった子が学力を付け、上位者大会で表彰され、一流大学に合格ということもありました。また、父親の転勤にともなって、生徒は米国、ロンドン、ドイツ、オーストラリアと、海外の教室へ移り、その地でも力を発揮して現地の学校でも上位の成績となり、学校に貼り出された成績表の写真を送ってくれ、両親に感謝されたことも、たびたびありました。

3年前、夫に先立たれ、学習塾を辞めると、1年余りは一人になった寂しさ、空しさで何も手に付かず、悶々とした日を過ごしていました。これではいけないと思っていた矢先に、同じ指導者仲間に頼まれて、引き続き教室のアシスタントとして手伝う決心をしました。常々父が言っていた「世のため人のために尽くす」という姿勢を、絶えず持ち続けることが大切だと思うようになりました。

幸い元気ですので「スポーツ教室」と「小さな混声合唱団」に入り楽しんでいます。町内や地域の活動にも積極的に参加するよう心がけています。「手編み教室」や区民のためのハイキングやコーラスで知り合った友人たちとの都内散策や食事会は、何よりも楽しみな一時です。長い間休んでいた趣味のピアノも始めました。

今では、年齢を重ねても、この先自立して生活できるように心がけています。食事も、出来合いのもの、冷凍食品等に頼らず栄養価を考えながら手作りしています。

残された人生、これから先どのようなことが起こるかわかりませんが、今までの経験を生かして、微力ながら「誰かのために」「次世代のために」お役に立てたらと思うこの頃です。

一つでも自分の特技や好きな事をみつけて、交流の場に積極的に参加することが大切だと思います。友人とのおしゃべりやお茶会は、たわいもないことのようですが、認知症を防ぎ、脳の働きを助けるそうです。参加する人は、不参加の人より認知症になるリスクが3割も低くなるそうです。

いのちのリレー

終戦の年、疎開先の児玉で生まれ、昭和26年に東京に戻りました。中学、高校は女子校で、大学生活も素晴らしい先生に恵まれ、楽しい学生生活を謳歌しました。卒業後ＪＡＬ日本航空に入社、グランドホステスとして特別旅客接遇課に配属されました。当時は高度成長期に入りかけて羽田空港が国際空港としても全盛期で、ＶＩＰのお客様のチェックインから搭乗までご案内をする部署でした。本当に楽しく仕事をさせていただきましたが、３年半の勤務の後、結婚、妊娠で退職しました。

昭和45年の万博とともに世の中は好

Profile

荻原　彩子

1945年埼玉県児玉生まれ。小学校入学直前に東京へ戻る。学習院大学仏文科卒業、JAL（日本航空㈱）へ入社、グランドホステスとして特別接遇課へ配属。３年半後に結婚、妊娠のため退社。45歳から自立を考え、分子栄養学を学び、「食育」活動にいたる。現在、ヘルシーフードコンシェルジュとして全国で講演。趣味は畑づくり（自然栽培）、絵画、海外旅行、歌うこと。

景気でした。福岡転勤もありましたが、子ども二人の子育ても、のびのび育てることができた良き時代です。東京に戻って来てからは子どもの自立とともに私自身の自立のために、家で週3回の英語塾を開き、将来のための人生を模索していました。そんな折、娘が15歳でアメリカ留学でNYへ旅立ち、息子も大学生となって私の手を離れていきました。

WHOによると、人間には「身体の健康」「心の健康」「社会的健康」「霊的健康」の四つの健康が大事で、社会的健康とは、経済的自立のことです。

しかし、まず基本は身体の健康ですから、栄養学を勉強し、今村光一先生をスタートに三石巌先生、森山晃嗣先生の著書で分子栄養学を学びました。人間の大人の身体は60兆個の細胞からできていて、それが瞬時に入れ替わって、なんと1日43億個が入れ替わっているそうです。この新しい細胞を作る材料が、口から入る空気、水、食物です。

「食」は命をつくるということがよく理解でき、「食育」という考え方に行き着きました。「食育」のコンセプトは、「健やかな心身は、食事から。何をどう食べるかを知ることが大切」です。また、「食文化を大切にすることは人間性を作る基本になる」ということです。

現在の地球環境も生活環境も食環境も、けっして好ましいものではありません。大気汚染、電磁波、シックハウス、電子レンジ、食品添加物、菓子パンに代表される糖分過剰やトランス脂肪酸過剰の食品、遺伝子組み換え食品などが溢れているのが今の日本の食環境です。

私たちの身体は大人も子どもも、肝・腎機能の低下、ビタミン・ミネラル不足、動物性たん

「食育」の勉強会で講演。

ぱく質・脂肪過多、糖分過多になっています。また、添加物によって血液が汚れ、ミトコンドリアも減少しています。

これらのことを皆さんにお伝えできればと、「ヘルシーフードコンシェルジュ」の資格を取りました。60歳からは、社会貢献をしたいと常づね考えていたので、「食育」を中心に据えた講演やヘルシーフードの紹介などで、できるだけ良い地球環境を未来の子どもたちに残したいと願って活動しています。

勤めていた仕事の関係で昭和43年に初めて海外旅行へ、パリにひと月滞在という経験をし、このときから楽しみは旅行になり、この6月に念願の10日間パリひとり旅を満喫しました。

今後も行きたいところへ行ける健康な体の維持に努めたい。まだまだ読みたい本がドッサリ（歳時記をもっと読みたい）、絵を描きたい、字も上手になりたい、歌も歌いたい、あーまだまだ知らないことばかり！　です。

70代に入った今は八ヶ岳に家を持ち、散歩、ドライブ、軽いトレッキングをしています。畑仕事で土、水、山川という自然に囲まれた時間を月に7～10日持ち、地元の農家さんとも交流しながら心身の健康と人生のゆとり時間を楽しんでいきたいと思います。

私のベトナム

二〇〇八年初めてホーチミン市に降り立った。頭の中にあったベトナムは三角の傘帽子に天秤棒で行商に来る人々の風景だったが、町には橙色の色合いがあり、フランス風の建物と現代風のビルが建ち並び、新旧の交錯した景色があった。アパートは、大きいベッドがあり、和風になれた私には何かレベルの高い国に見えた。

ベトナムへ日本語を教えに来た私は、リ・トゥケョンにあったフランス風の学校で最初の授業を開始した。90分があっという間に終わった。生徒のキラキラした目、全てを吸収しようとする

Profile

我田　蘭子

1942年東京生まれ。小学生のとき疎開、甲府市へ。高校卒業後、東京で九州製糖㈱に就職。日本女子大学家政学部児童心理学科の通信教育で勉学。辻学園に勤務中に結婚。添乗員になり国内外旅程管理資格を取得。日本語教師の資格取得後、オーストラリアで６か月の勤務後ベトナムへ日本語教師として赴任。2017年ベトナムからラオスへ転勤。

貪欲だが清々しい向学心、いったいこの国はなんという国なのか。きっとすぐ日本を追い越して行くのではと思わせた。

生徒たち皆の知識はアニメ、サムライ、テレビ、〝嵐〟〝スマップ〟の歌と多彩で、この真っ白な心のキャンバスを、言葉を通して日本の習慣、文化、礼節等で塗りつぶしていく毎日は本当に楽しかった。65歳だったが、青春真只中にいる自分を発見した。若い国の若者からのエネルギーは凄い。人間を生き返らせる力がある。

ラオスの小学生たちと。

休日は日本の家庭料理を振る舞ったり、浴衣を着せて遊んだり、時を無駄にすることはなかった。学校のベトナム人の教師も、行事に誘ってくれたり結婚式に招待してくれた。正規の授業が終わっても勉強に対する熱意は凄い上に、頭の良さと探求心旺盛な生徒は、日本語もすぐに覚えてしまう。唯一の問題は日本語を使う場所がないこと。そこで、赴任三年目に、山梨勝沼の大善寺〝ぶどう寺〟の副住職とともにNPO法人柏尾山日本学校を立ち上げた。三か月無料で寺で預かり、日本の文化、礼節を教え資格等を取らせた。三か月で日商簿記三級とビジネス電話、秘書検定を受験させたが、生徒たちは期待に応えてくれた。ベトナム人の優秀さがよくわかった。このＮＰＯに参加した子は、給料２００ドンだったのが、５００～千ドンくらい貰えることになる。

ベトナムの経済発展は著しい。マンションの建設は急ピッチで、それをローンで買える人々が大勢出て来た。日本の二の舞にならなければ良いと心配している。ベトナムにいる限りシニアでも収入があり、年金は使わずに暮らしていける。

ある時、ラオスの若者に会い、現状を聞き、心を動かされた。「そうだ、ラオスに行こう」ラオス人は、純真でガツガツしていない。感謝を忘れない。何年か前のベトナムのようだ。貧しい家庭が多く、育てられず、寺に子どもを預ける。日本が好きで日本へ行きたいと思っても、お金がないと勉強することができない。人間として不平等ではないかと思った。

今、ラオスで日本語を教え始めた。ラオスでは授業料を貰いたくても内情を知ると貰えないが、身を削っても喜びを優先させたい。

日本人の世界に誇る精神と体質を持ち続け、美しい日本語、文化、習慣を教え続けたい。次の世代に美しい地球と環境を残したい。アジアでは、日本人は最高と思われているので、その期待を裏切りたくない。

私たちシニアには経験と知識がある。心意気も盛んだ。一歩踏み出す勇気さえあれば、今まで経験できなかった世界を見聞でき、若々しく暮らせる。一歩踏み出して、東南アジア、アフリカ等の礎になってほしい。

環境こそ生活の根幹

昭和14年東京で生まれました。母は若い頃秋田の病院で外科の看護師をしていたので、病気がちの父は有り難かったと思います。4歳のころ父の転勤で大阪へ、そこで空襲にあい、B29の攻撃や防空壕の記憶がいまだに消えません。戦火が激しくなったので秋田へ疎開しました。

戦後秋田から戻ってくると、辺りで唯一焼け残っていた我が家に、大勢の人たちが住んでいました。生き残った人たち、特に傷を負った人たちを、母はよく面倒を見ていました。母はいつ

Profile

福地レイ子

1939年東京生まれ。4歳で大阪へ、空襲が激しくなり秋田へ疎開。戦後大阪へ戻る。高校卒業後OMICへ就職、職場結婚し退職。18回目の引越しで船橋市に定住。独学で予防医学を勉強するかたわら、環境問題に目覚める。環境社会検定（eco検定）試験に合格。環境健康学トランスレーター。

も讃美歌「♪いつくしみふかき」を歌っていたのを覚えています。

ラジオの仕事に憧れをもっていたのですが、高校を卒業とともに検査会社に、女性社員第一号として入社しました。ここで職場結婚し、3人の子どもの母になりました。夫は語学が堪能だったため海外生活が長く、インドでマザー・テレサの活動を手伝ったそうです。

海外・国内合わせて18回目の引越しで、千葉県の船橋市に落ち着きました。

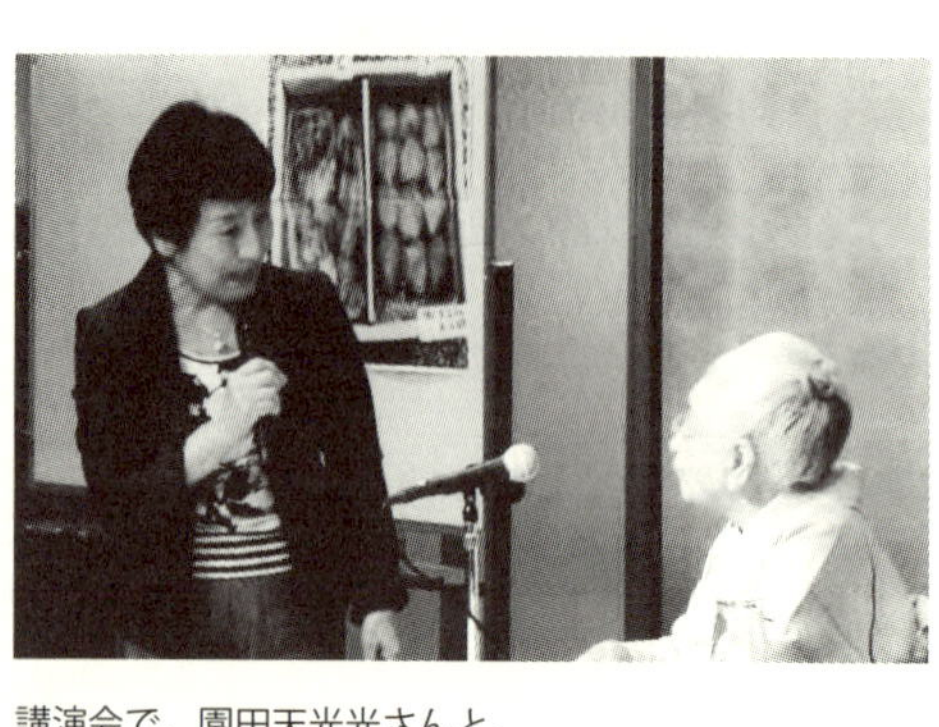
講演会で、園田天光光さんと。

末の子が幼稚園に入ったのを機に、週に1時間だけ自分の時間を取り、市の広報から情報を得て、ゴミ処理場や焼却炉など環境に関する施設を見学して回りました。そこで「環境こそ生活の根幹だ」と悟りました。環境は生命に直接結び付くものだから、子どもを産み育てる主婦の役割は重い、これからの国の土台を作る子どもを育てるのだから、主婦がプロ意識をもたなくてはならない、と考えました。

そこで私は、40年前から勉強していた予防医学と環境問題について、独自に教室を開いて主婦の皆さんに環境の大切さを伝え、食品添加物についても一緒に勉強することにしました。

平成9年、教室の一人の女性に紹介されて赤塚グループ

（ＦＦＣ、生命を育む水を開発、研究、販売）へ入会、普及活動のリーダーになり、ますます環境について勉強できることになりました。子どもも順調に育ち私にも余裕ができたので、残りの人生を社会貢献に捧げたいと心に決めました。

平成18年、第一回「環境社会検定（ｅｃｏ検定）」試験に合格しました。

また、千葉大学大学院医学研究院の環境生命医学教室で勉強するチャンスに出会えました。この教室は解剖学がご専門の森千里先生（曾祖父は森鴎外先生）が研究結果を学内外へ広げるために、生徒を募集していたのです。森千里先生は解剖学の見地から、近年、生まれた子どもの疾患は先天性の問題がいっぱいある、これは環境が胎児に影響を与えているのではないかと考え、研究していらしたのです。

私は看護師でも大学院生でもなく、応募資格がないけれど、私の考えてきたテーマ「生命」に行き着くと、森先生にお電話をし、試験を受けさせていただき、合格することができました。

そして平成19年、環境健康学トランスレーターの資格を取ることができました。

環境健康学トランスレーターは、これらのことを広く世間に知ってもらうためにある資格ですから、自分の教室を続けることも活動の一つになります。

最近は、主婦の目線で講演してほしいと依頼され、講演活動が多くなってきています。

米づくりと、習い事好きな私

私は74歳になる主婦です。夫と二人埼玉の比企丘陵の近くの町に住んでいます。40年ほど前、住み始めたときは、子ども三人の五人家族で住んでいましたが、今は二人になりました。夫は現役で働いています。私自身はのんびりと過ごせるわけですが、結構せわしなく暮らしています。

理由の一つは、家庭菜園と自家用の米作りです。当時は村だったこの地へ越してきたとき、夫が「せっかくこういう土地に住むのだから、野菜を作ろう」と言い出し、家の前の休耕地を借

Profile

岸田　三根

1943年神奈川県生まれ。1966年大学卒業後、1年の養護学校教員生活をして、結婚。5年ほど夫の家族と同居の後、郊外の公団住宅に移り、1979年より埼玉県滑川町に住む。それ以来、自家用野菜と米を作っている。水墨画、水泳、軽いエアロビクスを習っている。

りて耕しました。そのうち、近所のおじいさんが「うちの休耕している田圃を使わないか」と言って訪ねてきました。

そこで、農業委員会に届けを出し、農家の資格を取り、その田圃を購入しました。以来毎年米作りをしています。機械を使う耕運、田植え、稲刈りは夫がしますが、畦草刈り、肥料、農薬の散布は私がします。稲刈りも刈るのは機械ですが稲架けは人の手なので、知人を頼んで三人でやっています。天日干しで乾燥させ、田圃で脱穀して袋に詰め、家の縁側にしばらく置いてから、物置の大きな缶にしまいます。籾摺りと精米は家庭用の小さい機械でします。結構おいしいお米になります。

稲架けし、天日干しで乾燥。

せわしない理由の二つ目は私の習い事好きにあります。月曜日はパソコン教室。10年以上続いているでしょうか。指導者はもともとは大手メーカーに勤務していたエンジニアで、半分ボランティアで始められたようです。生徒は私と同年代のおじさんおばさんたち。一度で理解できず何度も聞いてしまいますが、その都度ていねいに教えてくれます。パソコンで何か困ったことができたときは、電話でも教えてくださるので、有難いです。

隔週の火曜日は水墨画教室。たまたま知り合った方があまりにもお上手なので、「お教室を開くときは声をかけてください」と頼みました。それから20年近く続いています。指導者の方が大きな団体に所属していらしたので、ときどきそこの公募展に参加します。出品するとなると結構時間をかけて取り組みます。

水曜日は水泳教室。「泳げるようになりたい」と始めました。全く泳げなかったのが、バタフライでも25メートルは泳げるようになりました。指導者について続けていると誰でもできるようになるというのがわかりました。

金曜日はエアロビクス。もともと公民館で「シルバーエアロビクス」といって募集していたもので、軽いエアロビクスです。

全部が全部休みなく続いたわけではありません。姑の介護で休会したこともあり、ショートステイなどで時間が出来て、復帰したものもあります。

現在は介護は卒業しましたが、娘が孫を連れて帰省するときは、全部休みます。無理しないで参加できる時に参加しようという姿勢です。それでも続けていると少しずつ上達するので、これが楽しみです。

「なんくるないさ〜」沖縄魂の情熱で

終戦後の昭和21年、沖縄で7人兄妹の次女として生まれました。小学校低学年の頃は復帰前で、道路を戦車が地響きを立てて走り、兵隊の隊列をよけながら通学していました。

父は、米軍基地でコックとして働き、食べ残りの食材や肉、果物、お菓子などを持ち帰ってきました。いつも父の帰りを楽しみに待っていました。おかげで私たち兄妹は健康優良児としてたくましく育ちました。

小学6年生頃には母の手伝いをよくしました。母は川に洗濯、山に薪取り、

Profile

中野美津子

1946年沖縄生まれ。上京後、20〜30代は幼稚園で教諭として勤務。30〜40代は健康体操指導員、40〜60代は介護施設職員、管理者。60代からは介護予防講師として地域活動、2017年㈱ビッグハートの取締役に就任。資格はほかに社会福祉主事任用資格、第三者評価員（東京都）がある。

趣味は沖縄三線、琉球舞踊。

サトウキビ作り、稲作、数頭の養豚、7人の子育てにと、素足で駆けまわり、年じゅう足のかかとがひび割れていました。

青春真っ盛りになった私は、花の東京を夢見ていました。そんな私のために両親は泣き泣き子豚1頭を売り、資金をやりくりして東京へ送り出してくれました。

上京後、1年間は事務職で苦難を経験し、退職。神奈川県から奨学金をもらい聖ヶ丘女子学院夜間部に入学、昼間は幼稚園で実習生として働きました。卒業後、幼稚園教諭の資格を取得、横浜市内の幼稚園に勤務。24歳で結婚し、29歳で次男出産後に退職しました。

その後、近所の子どもたちのために家庭保育所を開所し、4年後に健康体操のインストラクター資格を取得。地域公民館のカルチャーセンターや高齢者施設で、体操指導員として数年間活動しました。

40代になり、体操指導員、幼稚園教諭の資格を生かしデイサービス勤務に変更するとともに、介護福祉士、介護支援専門員（ケアマネジャー）、高齢者リハビリ音楽体操指導員、健康生きがいアドバイザーなど介護全般の資格を取りました。

１０３歳、90代、80代の人生の大先輩から「あんたの顔見ると元気になるよ！」「ありがとう！」と手を握られ、笑顔に支えられながら、在宅業務相談、家族との連絡調整業務、地域民生委員との関わり、特養・通所介護全般の苦情担当、地域ボランティアの受け入れ業務などをこなしてきました。

真の介護とは、人間同士の心のケア、生きる気力とパワーを自ら感じていただけるきっかけを見出してあげることだと思います。

デイサービスセンター長、生き生きセンター・デイサービス併設施設長として二十数年勤務した平成17年、夫が癌で64歳で他界。最愛の夫との別れを経験しましたが、息子たちも結婚し、数人の孫に囲まれて、無事、定年退職しました。

介護予防についての講演中。

ボランティアで、沖縄三線（サンシン）、琉球舞踊を披露したり、現在は介護予防講師として、また、市民センターに懐かしい歌声喫茶を開設し数名の高齢者とともに仲間づくり、笑顔・気配り・声かけ・ふれあい、ストレスをためない生き方（いい加減に生きる）をモットーに活動しています。

平成29年4月、「㈱ビッグハート」の取締役に就任後、高齢者介護予防相談全般の活動をしています。そして、地域のみなさんのふれあいの場として、認知症カフェ高齢者地域サロンの開設を目指して、乙女のごとく心ときめかせつつ「なんくるないさ〜」の沖縄魂の情熱を胸に80歳後の生きがいに立ち向かっています。

英語に魅せられて

私の人生は英語抜きでは語れません。英語との出会いは、小学5年生の時、近所の大学生にその手ほどきをしてもらったことでした。当時英語は中学校から習うのが普通でした。他の生徒より早く習ったおかげで、英語は私にとって得意科目になりました。

高校に進学してからは、将来は社会的に自立した女性になりたいと漠然と思っていました。戦死した父親に代わり、働きながら私を育ててくれた母の影響もあったかもしれません。そのためには英語で身を立てたいと考えていました。

Profile

信澤　昭子

1945年高崎市に生まれる。通訳養成所で英語を学び、米国企業の日本支社で秘書として働く。結婚後、現在まで自宅で英語教室を開き、また近隣センター等で「大人のための英会話」を主宰。また2015年からは、通訳案内士として海外からのツアー客のガイド業務をしている。趣味はテニスとホイットニー・ヒューストン等の外国シンガーの曲を歌うこと。

実践的な英語を学びたいとの願いから、大学へは進まず「通訳養成所」に入学しました。休日には自分の英語を試したくて、ドキドキしながら外国人との出会いを探していました。卒業後は運よく、アメリカの会社の日本支社で、秘書として働くことができました。

結婚後も仕事を続けていきたいと願いながら、当時はそのチャンスもなく、子育てに専念せざるを得ない社会的状況でした。その頃の私は、これでは社会に取り残されてしまうと焦っていた時期でした。

子どもが成長したので、子どもの友達を交えての英語教室を開きました。徐々に生徒数が増えるにつれて、「海外での生活経験もない私が、生きた英語を教えられるのか?」と疑問を感じました。その思いから一念発起してイギリスに短期語学研修に行く決心をしました。主人を説得し、長女（高校3年生）、長男（高校1年生）、次女（中学1年生）の子どもたちの協力のおかげでやっと実現しました。主婦が3週間も家を留守にするのを許してくれた主人と子どもたちに感謝、感謝でした。

この語学研修がきっかけで、その後高校生海外ホームステイ・プログラムのリーダーを10年間しました。このプログラムを通して、異なった言葉を話す人々とも意思疎通が図れるコミュニケーション・ツールとしての英語の素晴らしさを実感しました。

次に巡り会ったのが、今住んでいる柏市と米国のトーランス市との国際交流です。毎年トーランス市から8名の学生と団長が3週間柏に滞在し、二つの家庭にホームステイしながら、日本の生活を体験するプログラムです。なんと45年間も続いています。二十数名のボランティアが毎年1年間かけてこの受け入れ準備をしています。10年近くこの仕事に関わり、このような地道な市民の努力が、国際理解に繋がっていくと実感しました。

シンガポールからのお客様と、成田空港で。

これまで英語に関わってきた証として目に見える資格を得たいと、英検1級と通訳案内士の資格にチャレンジしました。2013年と2015年にそれぞれの資格を得ることができました。

今は、この歳になって始めた通訳ガイドの仕事に挑戦中です。海外からのお客様に日本を知ってもらい、如何に旅を楽しんで貰うか模索中です。

自分の人生を振り返ってみると、私にはいつも暖かく協力してくれる家族と、刺激を与えてくれる友がいることに気がつきました。このことに感謝しつつ、人生まだまだ挑戦の日々です。

「明日死ぬかのように生きよ、永遠に生きるかのように学べ」マハトマ・ガンジーの名言です。

夢に向かって「一途一心」

岩手県釜石市に生まれました。早くに実母を亡くしましたので、鈴木家へ養女に来てくれた女性が母親がわりで育ててくれました。育ての母を喜ばせたいと、中学・高校時代は一生懸命に勉強しました。

当時、釜石では、高校を卒業すると富士製鉄（現　新日鉄住金）釜石製鉄所へ就職するのがステータスだったのですが、母子家庭ということで落とされてしまいました。担任の教師から「学校推薦一番だから、だいじょうぶだよ」と言われていたこともあり、この結果には悔しさと世の無常を感じました。

Profile

鈴木せつ子

1941年釜石市生まれ。㈱小松製作所へ入社、営業でバリバリ働く。6年後退社、12坪の小さなバーを開く。5年後大型クラブに転換、高度経済成長期のなかで成長を続け、仙台の一流クラブとして大繁盛させる。21年後結婚でいっとき仕事を離れる。1993年、再度日本料理店＆ラウンジバーを開業、軌道に乗せる。現在は8店舗（日本料理店2店、レストラン1店、クラブ5店）を経営。
趣味は書道、茶道、華道、小唄、美術鑑賞。

このことが私の「負けじ魂」に火をつけました。「なんとしても大企業に入ってやろう」という強い思いが私を後押しし、㈱小松製作所（コマツ）盛岡支店に入社することができました。経理事務などをしながら、いち早く自動車の運転免許を取り、ブルドーザー販売の営業も手伝っていました。

ある時、営業所の所長が入院したのを機に「私、営業をやります」と名乗りをあげ、営業に回してもらいました。それからはジープを運転して建設現場の山まで行ったり、とにかく一生懸命仕事をしたかったのです。現在もコマツはすばらしい企業ですが、昭和37年当時、とても勢いがあり、明るい社風で、楽しく仕事をすることができました。ここで人と人とのコミュニケーションも学ぶことができたように思います。

しかし一方、心の片隅では、自分の生きる道を模索していました。そんな折、小松製作所の東北6県女性研修会で初めて仙台へ行きました。研修のあとに連れていってもらったキャバレーの華やかさ、働く従業員のスマートさに驚き、たいへん刺激を受けました。このように感じたのには理由があったのです。

実は、私の祖父母が釜石市で大正から昭和にかけて料亭を営んでいたのですが、祖父が早世して没落しました。祖父母のＤＮＡが目覚め、仙台で飲食店を持ちたいと強く思うようになりました。仙台の街はこれからますます発展する予感もありました。

養母の猛反対を押し切って、6年勤めた小松製作所を退職し、夢を抱いて一人仙台へ。国分町で1年勤めたあと12坪のバーを開店しました。養母が資金50万円を貸してくれました。

5年間懸命に働き、2千万円を元手に大型クラブを持ちました。ちょうど高度経済成長の波に乗り21年間、一流クラブとして大繁盛させ、客層も政財界の方々はじめキラ星のごとくで、今でも伝説の店として語り継がれるほどになりました。

しかし、クラブのママで一生を終わりたくないとの思いがあり、結婚引退を決意し、絶好調の時に幕を引いたのでした。

平成5年、ふたたび夢への挑戦が始まりました。㈱五葉商事を立ち上げ、日本料理店&ラウンジバー「花はん」を開きました。日本料理店はそれまで経験がなかったのですが、やはり祖父母の無念を晴らしたいという一心で、51歳で1億円以上の借金をしての船出でした。

ところが日本料理店はなにかと難しく、軌道に乗せるのに7か月かかりました。この7か月は寝る時間を惜しんで点滴を受けながら働きました。そうこうしているうちに、かつての信用と人脈が助けになり徐々に知名度があがってきたのでした。

命をかけて夢にむかって「一途一心」で駆け抜けてきましたが、これからは後継者の育成に力を尽くしたいと思っています。

「夢とは可能性への追求、ロマンとは可能性への挑戦」

私の大好きな言葉です。

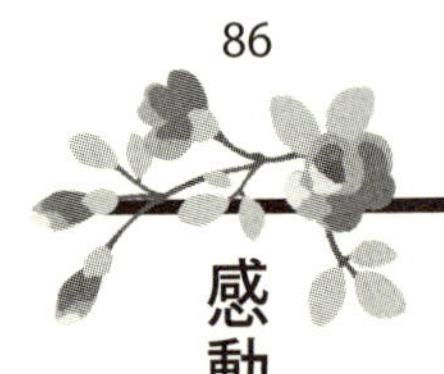

感動・実感・チャレンジが私の原動力

私は大阪府高槻市で生まれ、現在82歳です。

地元の高校を卒業後、大丸百貨店に入社。やがて、幼友達で商社へ勤務していた人と結婚しました。専業主婦になり、我儘いっぱいの奥さんから、やがて子どもが生まれて元気なお母さんになりました。

子育て真っ最中の35歳の昭和45年に、ホームケアという会社の家庭用洗剤を届けに来た素敵な女性と知り合いました。この女性から初めてコミュニケーションビジネスという言葉と仕事の内

Profile

難波　桂子

1935年、大阪府高槻市生まれ。高校卒業後、大丸百貨店へ入社。1970年コミュニケーションビジネスの世界に入る。以後20年間業界のトップとして活躍。この経験と実績をもとに、コミュニケーションビジネスのコンサルタントとしての事業を展開、コミュニケーションビジネスカウンセラーとして高い評価を得ている。趣味はゴルフ、編み物、フラダンス、海外旅行。

容を聞いた私は、彼女の誘いでこの世界に入ったのです。

当時はまだ、日本ではコミュニケーションビジネスの草創期でした。コミュニケーションビジネスとは、ホームパーティーなどで商品を広めていく仕事です。つまり、販売する人と購入する人が良いコミュニケーションを取ることによって、商材を普及していく仕事です。現在は、ネットワークビジネスのジャンルに入ります。

当初は夫に猛烈に反対されました。しかし私は反対されながらも、主婦から自立していく女性として参画することにしたのです。家庭を最優先にして時間をやりくりし、愚痴を叡智に変えて、頑張りました。

「サクセスと夢の実現」という思いを胸に、この業界の草創期を盛り上げたのです。

やがて昭和40年代から平成の初めまでの約20年間、業界のトップとして活躍することができ、全国に代理店５００店以上、年間売り上げ54億円を達成しました。

日本で初めてコミュニケーションビジネスコンサルタントのビジネスモデルを確立

50歳になり、今までの仕事を完全に辞めました。平成元年、業界先駆者として二十数年の経験と実績をもとに、通販ビジネス、代理店、ネットワークビジネスを営んでいる会社のコンサルタントとしての事業をスタートしました。
実際の経験に基づいたコンサルでしたので、現場の営業の方々からは多くの共感を得たと感謝されました。

こうして日本で初めて、コミュニケーションビジネスのコンサルタントというビジネスモデルを確立できました。

努力がむくわれ、私は、コミュニケーションビジネスカウンセラーとして、高い評価と実績を積み重ねることができ、ここまで歩んでこれました。

おかげさまで全国各地から講演の依頼をいただいて、出かけています。

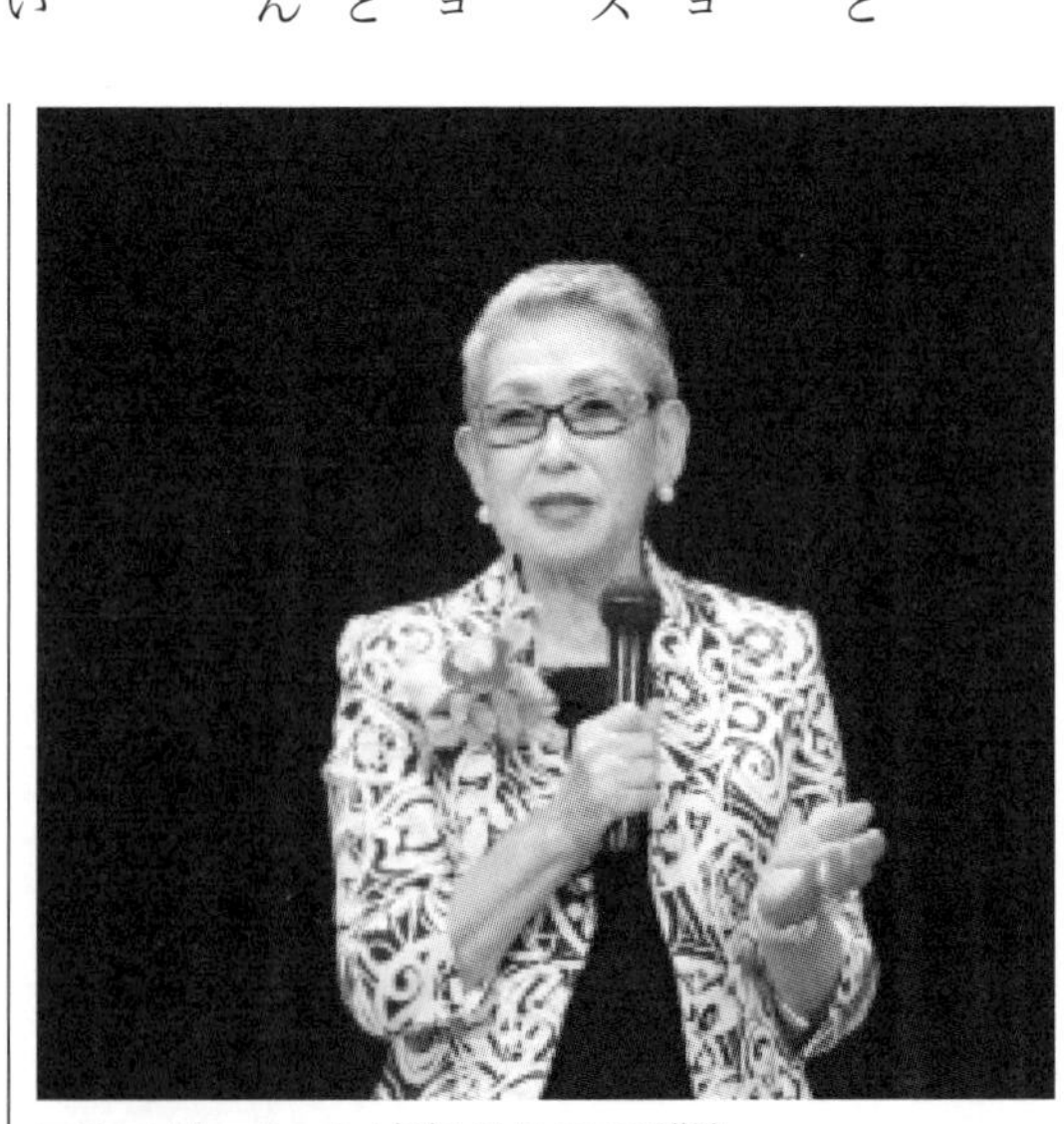
コミュニケーションビジネスについて講演。

息子がロサンゼルスにいますので、毎年夏には避暑がてら、孫と息子に会いに行っています。

いつも誰かに助けられて

昭和4年生まれ、88歳になりました。姫路から奥に入った志方という田舎で5人兄弟の長女で育ちました。15歳の時、父が自死し、家庭は貧乏でした。

母方の叔母の家事手伝いにいき、その後たくさんの良い縁談がありましたが、毎日熱心に結婚を迫ってきたギタリストに心を動かされ、24歳の時に結婚しました。

夫は同じ田舎の五男で母を早く亡くし、冷たい家庭で育ったので半ば同情し、わたしが何とかしてあげたいと、若かったから思ったのかもしれません。母や叔母たちからは当然反対されまし

Profile

蓬萊　環

1929年加古川市生まれ。5人兄弟の長女。24歳で家族の反対を押し切って結婚。夫の収入がなく、叔母夫婦に生活全般のお世話になる。41歳で喫茶店で職を得、以後72歳まで勤務。遺伝性の筋萎縮症で夫と三男を亡くす。退職後、民謡を習い始める。趣味は習字と民謡踊り。

た。夫は、結婚前にはバンドでかなり稼いでいたのですが、結婚したら急にやめてしまいました。その後楽器店で教えるようになったのですが、きびしくて、頑固な性格なので、どんどん生徒が減り、月謝も入らなくなりました。フォークブームでギターが注目された時も、頑固にクラシックギターしか教えなかったのです。

子どもが生まれ、ご飯も食べられない生活なのに、自分の実家の冠婚葬祭には借金してまでも祝儀を包んで行く、外づらの良い人でした。「もうお米もないし、死んでしまう！」と言ったら、「じゃあ死んだらいいだろ！」と言われて、もう悲しくて悲しくて泣きました。

叔母夫婦が、店の靴下を売ってお金にしなさいと商品を貸してくれ、靴下と二男を乳母車にのせ、長男を歩かせて一軒一軒家をまわって、やっと売れた時には「これでおかずが買える」とうれしかったのを覚えています。

実家は兄夫婦がいたので帰れず、叔母夫婦の家で、ご飯を食べさせてもらい、３人の男の子の出産も叔母宅でした。もちろん離婚を何度も考えましたが、離婚は後ろ指を指されるような時代でもあり、子どものためと思って歯を食いしばって耐えて、子どもを育てました。

三男が幼稚園に入った41歳のとき、紹介で喫茶店の洗い場の仕事につき、その後、信用されてレジ係りとして72歳まで働きました。叔父から、そこは厚生年金があるから絶対にやめてはいけないと言われました。いじめられたり辛いこともたくさんありましたが、子どものためと思って頑張りました。１年ほど若い時に会社勤めをしていたので、年金の受給資格に達していたのはほんとに奇跡です。おかげで、今は厚生年金でささやかながら生活ができて、ほんとに叔父の言うことを聞いて辛抱してよかったと思っています。

夫は49歳で遺伝性の筋萎縮症を発病し、60歳で亡くなりました。三男が結婚後まもなく、恐れていたとおり同じ病気を発病し離婚。わたしが引き取り、亡くなるまで14年間病院に付き添いました。

80歳の大晦日にトラックにはねられ肋骨を3本折って全治3か月だったのですが、2月初めの叔母の孫娘の結婚式に晴れ着で出席したく、1か月で治しました。式後、東京見物もさせてもらい楽しかったです。

辛いことがたくさんありましたが、いつも誰かが助けてくれました。70歳の頃、亡くなった友達のご主人から、「良ければ病気の子どもさんもみんな面倒を見るから、一緒に暮らしませんか？」と誘われましたが、お断りし、お茶飲み友達として、トワイライトに乗って北海道に行ったり日本中あちらこちらに連れて行ってもらいました。とてもいい思い出です。その方も3年前に亡くなりました。仕事を辞めてから、昔からやりたかった民謡を老人大学で習いはじめ、発表会やお城祭りに出ています。

昨年ひ孫も誕生しました。ありがたいことに、身体の痛いところはどこもなく3階の市営住宅にも歩いて上がれます。今は一人暮らしですが、妹夫婦など親戚が近くにいて、心強いです。寝る前に、叔母を見習って毎晩お経を唱えています。「感謝。」

認可外保育園から社会福祉施設経営へ

30代半ば、周囲の誰にも応援されずに開園した小さな認可外保育園から始まった私の志は、77歳になった今、約1200名のスタッフが共に働いてくれる会社に育ちました。

私の現在の仕事は、高齢者施設や保育園、障害者支援などを行う社会福祉法人伸こう福祉会の執行役員です。2010年に現理事長に経営権を移してからもなお、やりたいことが溢れて、現場の第一線から離れられずにいます。昨年は、アメリカ・ポートランドに、ビジネスをしたいお年寄りが集うカフ

Profile

片山ます江

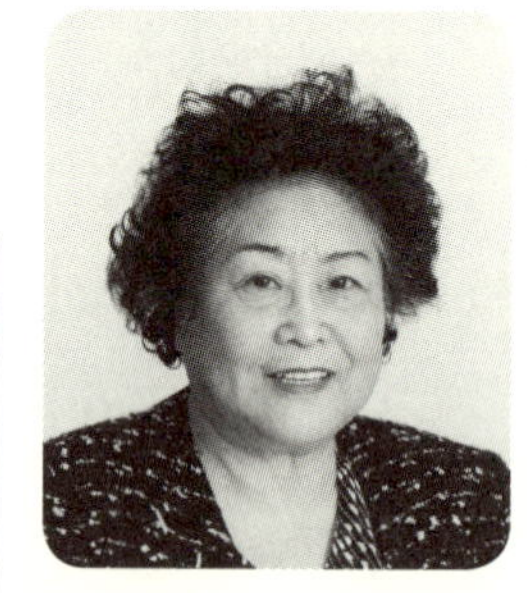

1940年東京生まれ。1976年藤沢市に認可外保育園を開園し、1986年には遊休の独身寮を転用した老人ホームを開所。同施設が、独身寮改装型福祉施設という今では一般的なモデルの原点となったと言われている。1999年には社会福祉法人伸こう福祉会を設立。2017年現在、スタッフ数1,130名、介護分野40事業、保育分野10事業、障害分野3事業を運営する伸こう福祉会の理事として活躍。2012年、「アショカ・ジャパン」による「シニア・フェロー」に選出された。

ェをスタートさせました。これは、いつか日本でも始めたいと思っています。

さて、波平さんは磯野家の大黒柱ですが、私はそんなに立派なものではありません。ただがむしゃらに目の前の人のためにという思いで走ってきたら、いつの間にか会社が大きくなり、個性豊かな仲間たちが周りに集まってくれていました。福祉は人を相手にする仕事、一筋縄ではいきません。そんな大変な仕事を担ってくれている仲間たちに、感謝の気持ちでいっぱいです。

私の会社では、会社を森にたとえ、スタッフを森に住む動物にたとえています。その内の数名を紹介しましょう。

踊りが大好きなAさんは、その明るく華やかな人柄でお年寄りもスタッフも楽しませる大型犬。昨年初めて施設長になりました。負けず嫌いで強気な性格の奥に隠れているAさんの繊細さが、Aさんの深い魅力を引き出しています。

30代のIさんは、接する人を安心させる雰囲気と、少し頑固な性分を持つ熊さん。最近、仕事における自分の存在意義に迷っています。私からすると、熊さんの存在意義、良さはたくさん見えるのにね。これは自分で気が付くか、熊さんが尊敬する上司のハリネズミさんが気付かせてあげることで、熊さんの成長に繋がるでしょう。

会社設立当初から支えてくれた、私よりも先輩のOさんは、お猿さんでしょうか。その豊富な知識と真面目な人柄で会社を十二分に助けてくれ、自身の体調を考慮して、平成29年、さわやかに去っていきました。これからはまた別のところから、私たちを支えてくれると嬉しいです。

国籍や年齢、性別、経験の有無に囚われず、やる気のあるスタッフを積極的に採用しています。

特別養護老人ホームの１階を地域に開いたカフェスペース。

私が残りの人生で仕上げたいのは、集まってくれた、こんな素敵な仲間たちにもっといい条件で働いてもらいたい。３Ｋという言葉は古いかもしれませんが、福祉の仕事は、まだまだ人が「なりたい」と憧れる仕事ではありません。人生の最後を伴走するという難しくも尊い仕事でありながらも、働く条件は厳しい。社会がこれだけ、「数が不足している」と叫んでいるのに、経営者として申し訳ない気分です。

「そういう業界だから」という言葉で片付けて、国からの補助を待つのは簡単ですが、私は、ＩＣＴの活用と、仕組みを見直すことで、身体的な面も金銭的な面も解決できるのではと感じています。ぜひ神奈川にいる私たちに会いに来てくださいね。おいしい珈琲をご馳走します。

五つの企業・団体の起業とキーマンとの出会い

今までに起業（設立）した企業と団体は五つあります。現在もそれぞれ代表を務めています。新しい事業、会社、団体を立ち上げるには、その時の社会背景と求められているニーズがあり、そして事業のヒントとなる先見性をもつ特別な人（キーマン）との出会いがあります。

私の実家は、昭和32年のなべ底不況で、父は全財産を株の損失に当て、私は、大学入学どころではなくなりました。高校を卒業すると、東京生まれの母が「あなたは、東京へ行きなさい」と背中

Profile

渡邉　光子

1939年福島県いわき市生まれ。建築デザインを学んだ後、産能短期大学経営情報学科卒業。1977年学校法人青山製図専門学校を創立理事・校長職（15年）。現在、一般社団法人日本認知症コミュニケーション協議会理事長、（株）エスシーアイ設立取締役会長、NPO法人福祉・住環境人材開発センター理事長、大学講師など。現公職として東京都社会福祉審議会審議委員、東京商工会議所女性会副会長、東京都民生委員審査委員、老年学会理事、日本ケアマネジャー学会評議員、福祉住環境コーディネーター協会理事などを歴任。

を押してくれ上京、東京では間もなくバブル期を迎えます。空前の好景気でよく働き、誰もが浮かれていた時代もありました。

私は働きながら建築系の専門学校に通い設計事務所に勤めました。昭和39年3月に設計事務所を退職、自分で青山環境デザイン研究所を立ち上げ、徹夜で働きました。大手会社からもその技術力が評価され、人材不足だったため、小さな教室を開講。その後、学校法人青山製図専門学校を設立することになりました。15年間にわたり多くの技術者を輩出しました。その後、次のステップ〝社会人教育〟を手がけるために、理事、学校長を退職しました。

学校経営から会社経営に切り替えるために50歳で産能短期大学経営学部経営情報学科に入学、とくにマーケティングを学びたく2年間通学しました。同時に本格的に社会人教育をするために、超高齢社会で必要とされている福祉・医療・住環境などに関連する専門家と連携し、必要とされる専門職の育成に取り組みました。それは、「福祉住環境コーディネーター」の開発・育成です。このきっかけとなったキーマンは、元官僚のトップで現在、東大教授のT氏です。ある研究会でお会いしたT氏は「高齢になっても安全で安心したバリアフリー住環境」に対応できる技術者を育成してほしいという話があり、人材育成に本格的に取り組みました。

それからカリキュラム開発、テキストの制作、モデル研修など5年間かけて生まれたのが「福祉住環境コーディネーター」で、現在は全国に拡げるため、東京商工会議所の検定試験になっています。その合格者をフォローアップするために「ＮＰＯ法人福祉・住環境人材開発センター」を立ち上げました。

次いで認知症問題に取り組んだのは、私の実母（キーマン）はクリスチャンでとても心（しん）のあるやさしい人で、その母の認知症ケア体験からです。当時、デイサービスに行きはじめた母は、「まるで幼稚園みたいよ」と、行きたくないと言い、出勤前の私を困らせました。最後はデイサービスの場所で、転倒し大腿部骨折で急遽入院、寝たきりとなり、認知症がどんどん進み86歳であっという間に亡くなりました。

家族が少しでも認知症について理解していたらもっと優しくできたのにという思いから認知症に関わる専門職の育成、一般の人たちへの講演などに取り組み始めました。そんな時、大学の教授からオーストラリアの認知症専門の施設を視察に行かないかと誘われ同行しました。

その施設には、認知症ケアの専門職ダイバージョナル・セラピスト（気晴らし療法士）がいて、その役割や活動を聴いた時に「この専門職は日本にも絶対必要だ」と直感し、認知症ケアに的確に対応できる人材を育てようと「一般社団法人日本認知症コミュニケーション協議会」を平成16年に創設しました。検定試験「認知症ライフパートナー」の開発、テキストの執筆など制作に取り掛かりました。現在、全国で検定試験、「認知症アクティビティ・ケア専門士」育成の実施、他に講演、執筆活動をしています。

これからの私は、高齢になっても健康寿命を伸ばすことに心がけ、地域に貢献できる人づくりを通して自分の生きがいに繋げていきたいと思います。

生涯現役で世の中の役に立ちたい

昭和31年に都立の商業高校を卒業し生命保険会社に就職しました。保険会社では6年間営業所に勤務し、支社に転勤、そのうちに保険会社の経理は一般会社とどのように違うのかと興味を持ち夜間簿記学校に通い始めました。そこで、税理士という職業があることを知り挑戦してみたくなりました。幸い3年間で5科目の税理士試験に合格しました。

税理士試験が、スムーズに合格したこともあり、さらに公認会計士という資格があることを知り、受験資格もな

Profile

中里　高子

1938年東京生まれ。1956年に都立桜水商業高校を卒業後、明治生命（現明治安田生命）に入社。営業所・支社勤務を経て本社経理部に勤務。公認会計士受験資格を得るために夜間の富士短期大学を卒業。勤務しながら、税理士・公認会計士の試験に合格、資格を取得。51歳で退職し、1989年4月より西新宿の都庁のそばに公認会計士事務所を開設し、現在に至る。特に相続に強い税理士をめざす。趣味は旅行、水泳。

いのに挑戦する気になりました。受験資格には大学2年以上の修了か、会計士の1次試験に合格することが必要でした。受験資格を得るために夜間の短期大学に通い35歳で卒業。それから公認会計士2次試験に挑みましたが働きながらの受験は結構大変でした。幸い39歳で2次試験に合格できました。

税理士試験に合格したことで昭和48年に本社経理部に転勤となりました。本社の経理部・財務部を経て3次試験の受験資格を得て、昭和55年の42歳の時にようやく受験生活から解放されて公認会計士となることができました。これも家族をはじめ周りの方々の温かい励ましと、同年代の受験仲間と励まし合いながら勉強できたお蔭です。

合格後もしばらく会社勤務を続けていましたが、いつか独立して自分の会計事務所を開きたいという夢を叶え、平成元年3月に33年間勤務した会社を51歳で退職し、4月より西新宿に会計事務所を開設致し現在に至り、独立後すでに29年目を迎えております。

元の勤務先の関連会社の会計全般、個人のお客様の申告等、また特に、本社の役員の方々を初めOBの方々の相続税申告の仕事もやらせていただき、お役に立てていることをうれしく思っています。平成27年から相続税法が改正され、新たに相続税の申告が必要な方々が増加しています。突然相続という事態となり途方に暮れる方も多くいらっしゃいます。そのような方々の相続税の申告だけでなく相続全般についてお役に立ちたいと思い、相続に強い税理士を目指しています。今までお世話になり、自分を支えてくださった社会に役立つことを心から願っております。

個人的には幸い大きな病気もせずに今日までできましたが、生涯現役を目指し「水泳教室」と自分の体の声を聞きながら体を整える「自力整体」「社交ダンス」のサークルに通っています。

趣味は旅行で、現在はもっぱら国内旅行ですが、仕事の合間をみていろいろな所へ出掛けています。10年くらい前に腰椎を圧迫骨折してから、秋田の玉川温泉に行くようになりました。この温泉は、強酸性で天然の岩盤浴があり世界でも台湾とここだけという珍しい温泉です。四季折々美しい所で、特に紅葉の季節は素晴らしいです。こちらにも年4〜5回行っています。

やはり10年くらい前から玄米をいただいています。長岡式という炊き方で、専用の圧力釜で1回に1升を炊く方法です。玄米は体には良いが食べにくいといわれていますが、この長岡式はもち米のように粘り気がありとても食べやすいです。

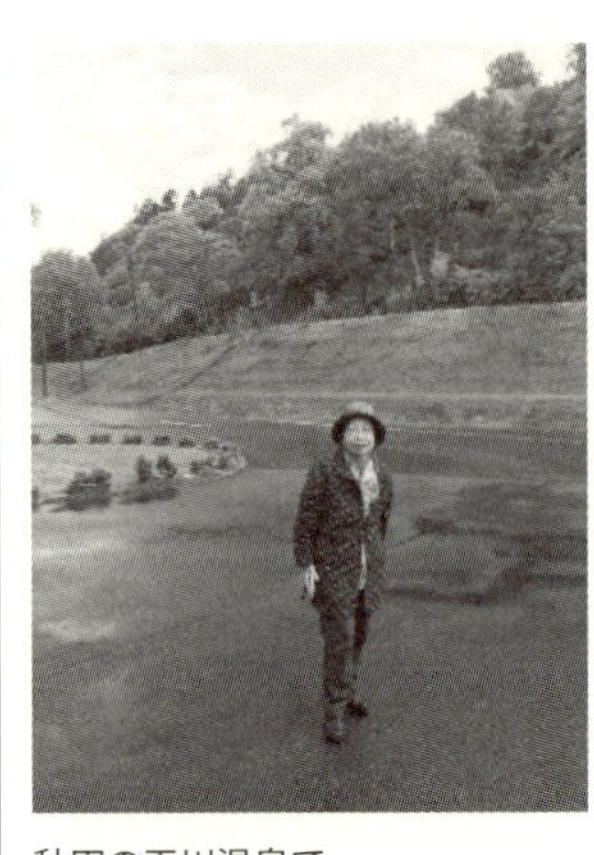
秋田の玉川温泉で。

このように、自分ができる健康管理に努めながら、友人たちとの楽しいひとときも大切にしています。

来年は80歳となり人生が残り少なくなってきましたが、100歳でも元気な方は元気なのでその方々を見習って元気で過ごしたいと思っています。生涯現役を目指して！

少なくともあと5年は現在のような状態で頑張りたいと思っています。楽しみながら、ゆっくりと！

ビオへのおもい

今からおよそ10年前になります。起業への熱い思いを胸に、フランスはパリに飛んでいました。あるカフェ――フランス政府AB（AGRICULTURE BIOLOGIQUE）の認証を取得――を営むオーナーにぜひお会いしたいとの思いからでした。

そのカフェは見過ごしてしまいそうな小さなカフェでしたが、ちょうどランチタイムでしたので、パリジェンヌがお店の前に並んでいる光景ですぐにわかりました。周りにはもっと大きくて洒落たカフェがいっぱいあるのに、どうして行列を作っているのか、通訳

Profile

中山　和子

1946年高知県吾川郡生まれ、大阪育ち。永年、教育事業に、その後兵庫県丹波で農業に従事。現在は京都府亀岡で「農と食と観光」を柱に6次産業での地域活性化事業に力を入れる。日本の食文化、和食（京のおばんざい）の情報発信。また、都市と農村の交流いこいの場、和さび庵（農産物の加工体験やわさびの茶懐石の提供）や麹を使った日本料理、和食の商品化を企画。国内・外の観光客や留学生と交流を図る。サロン・ド・ビオ Manager、ビオキッチン京都代表、ビオファーム丹波代表、一般社団法人大丹波ふるさとネット代表理事。http://www.bio-cafe.jp

の人に聞いてもらいました。そうすると、パリジェンヌが口々に

「ビオだから！」

「ビオだから！」

と微笑みながら答えてくれました。

オーナーのご厚意でさまざまな食事を、たくさん、とても美味しくいただきました。そして、心の中で「これだ！　これからはビオ！」と叫んでいました。

日本に帰り、ビオ構想を打ち立てました。ビオ（b・i・o）のコンセプトは、「体に良い物、無添加、命」を意味します。

長年私は、幼児教室や英会話教室を開き、子どもと接してきました。子どものなかには、朝ごはんを食べない子や、糖尿病やアトピーに苦しむ子、アレルギー体質の子ども、急にキレる子どもらが増えてきている、という問題を目の当たりにして「食への関心」「食の乱れ」「食への危機感」が高まっていき、現在の食文化創造研究所の前身「食文化を考える会」を発足するに至ったのです。

現在は、自然豊かな地域である兵庫県の丹波、篠山、京都府の綾部、亀岡、南丹市美山町でこれからの世代の育成を考えています。人とのご縁を大切にして、「農・食・福祉を核にした健康・環境・地域の情報発信事業及び農業主導型の6次産業化事業＆サービス事業」の計画も進めていて、都市と農村の交流と連携で大きなうねりを起こし、地域活性化になるよう呼びかけてい

きます。６次産業とは1次と2次と3次産業を一体化したものです。

この活動を推し進めるべく、もうひとつの活動として、ビオ倶楽部があります。ビオ倶楽部とは、京都地域のさまざまな伝統を生かしたこだわりの食や手作り小物等を国内・外に京都から発信する仲間たちの倶楽部です。旬の京野菜の香り漂う料理教室、京都の地元の農作物等を栽培、加工生産、流通、販売を振興する「京丹波ブランド」の普及をおこない、農作物生産者との交流、和の伝統を活かす趣味の小物教室、千二百年の歴史を持つ京都の伝統技術と斬新なデザインを取り入れた小物などの手作り教室を開いています。

日本の食文化、和食。

そして、日本の国菌である麹菌の働きなどを学びながら発酵食教室もおこなっています。また、日本原産のわさびは、とっても優れています。わさびは捨てるところがなく、根も葉も花もすべて食べることができます。その効果効能としては、抗菌効果、抗カビ効果、ビタミンB1の増強、ビタミンCの安定化、老化防止、消化吸収促進、血栓予防、がん予防、などなど、ほかにも美肌効果などもあり、この本わさびも国内・外へと発信していきたいと思っております。

微力ながらも皆さんのお力添えをいただきながら「農と食と観光」の６次産業による地域活性化事業に邁進いたしますので、これからもよろしくお願いいたします。

再見（zai jian ツァイチェン）

縁あって中国の沙漠植林に参加しています。

地球の環境問題が、いろいろな角度から問われて久しいが、改善されるどころか、悪化の一途をたどっているのが現状です。自国にとどまらず世界全体の気候変動が毎日報告されている例を見て、少しでも自分の行動が後世の役に立てばと思っています。

今年（平成29年）は日中友好45周年の年です。私の尊敬する遠山正瑛先生は「国交があと10年早かったら、もっと夢が実現できたのに……」と、98歳

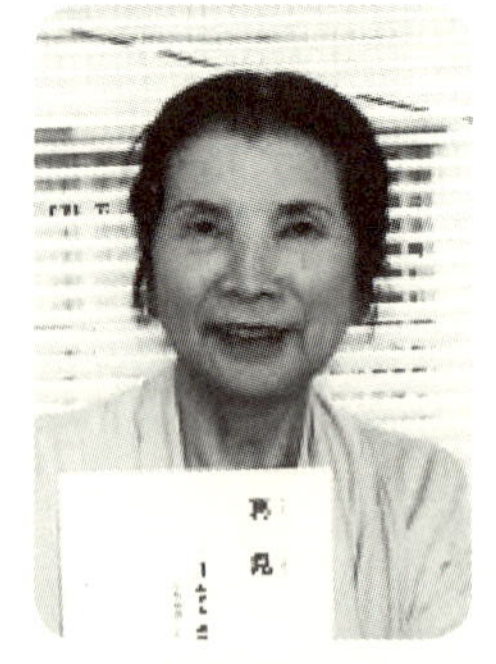

加藤キミ子

1941年千葉県流山市生まれ。実家は土木建築業で7人妹弟の長女のため高校中退。ブルドーザーの免許初め、土木、建築、管工事の免許取得、現場監督を勤める。75歳で引退、最後の仕事は県立高校の耐震工事。小学校の時から祖父に連れられ自家の山に入り伐採～植林を繰り返していた。なぜ私なのかと愚痴っていたが、それが中国沙漠の緑化に繋がって、今では感謝している。

で亡くなるまで口にしておりました。先生は中国に留学もしており、鳥取大学の教授でありました。世界平和を強く訴えており、二度と戦争にならないためには、食糧難にならないことだと言っておられました。

中国は日本の26倍もの国土面積がありながら、ほとんどは山岳と沙漠地帯で占められ、農耕に適する土地は、国土の11パーセントに過ぎないという。日本に黄砂が飛んで来るのも沙（砂）嵐のためです。

ゴビ沙漠に３００万本のポプラの木を

鳥取の砂丘でスプリンクラーを考案した遠山先生は、「沙漠化の進行を止めるには、木を育てるしかない」と不毛の地、内蒙古自治区クブチ沙漠の恩格貝（おんかくばい）に、昭和47年ポプラの植林を始め、NGO法人「日本沙漠緑化実践協会」を設立されたのです。当時は、１本でも活着したら太陽が西から昇ると冷笑されたりしましたが、やがて１００万本になり、３００万本になりました。

平成14年にNHK総合TV「プロジェクトX」〝運命のゴビ沙漠　人生を変えた三百万本のポプラ〟として取りあげてくれました。私はテレビには映りませんでしたが、沙漠の東京事務所に呼ばれて着席していました。また、先生を赤坂の法曹会館まで送る車の中では「沙漠を頼む」と懇願されました。

この頃は全国から植林のツアーが組まれ、賑やかでした。私の男孫（当時８歳）も参加しました。このことが孫の後の大学受験（天理大学）の時の面接に役立つとは想像もしておりませんでした。

「君は何かボランティアは？」と聞かれ、「祖母と中国の沙漠に植林に行きました」と答え、控え室での緊張がいっぺんに飛んだと、興奮ぎみに報告してきました。新幹線で一人関西の大学へ受験に行って、結果は合格となりました。現在は念願のラグビー部で、贔屓目で見ても大活躍しています。これから大きく世界に羽ばたいてほしいと思っています。

植林ツアーに当時８歳の孫も参加。

環境問題は大人でなく、未来のある若い人が自分たちの問題として捉えて、行動してくれることを期待しています。

我が家の生活の中には常に沙漠があり、今年5月の連休に、朋友の娘さんが恩格貝の沙漠で結婚式をあげました。現地の王明海（おうめいかい）さん（遠山先生のナンバー2）に、大変お世話になりました。両家初め出席者一同とても喜んでくださいました。

また、国際交流を始めてからも久しいので、これを機に、孫たちがＡＳＥＡＮ初め、アメリカ、ヨーロッパ、アフリカ等、世界の人達と仲良くして、戦争のない世界が構築されていくことを、せつに願ってやみません。

出会いに支えられて

転勤する夫について5か所で出産。子育てに明け暮れ、どっぷりと専業主婦生活に浸っていた昭和63年の夏、末娘が通うピアノ教室からもらってきた1枚のチラシが、人生を大きく変えることになる。

長女の幼稚園の先輩ママの懐かしい名前に「妻能開発セミナー」のタイトル。「カウンセラーに向いてるんじゃない？」アシスタントを連れて生き生きした講師の姿にみとれ、言われるままに2か月後には週1回のカウンセリング講座に通い始めていた。人の話を聞いたり、力になれることをするのは好

Profile

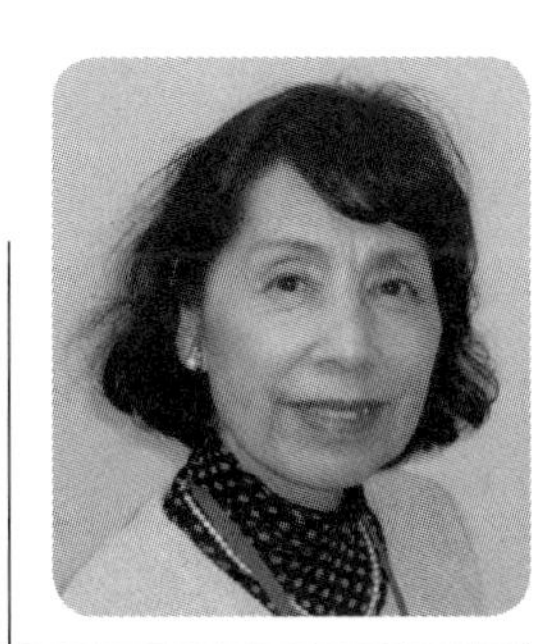

高橋　典子

1947年、兄3人妹弟の6人兄弟の長女として東京に生まれる。21歳で結婚、子育てをしながらカウンセリングを学び数多くの研修を積む。1994年カウンセリングルーム「ブランコの家」開設。保育園では保育士さんや働くお母様への支援や、生涯現役でのシニア向けの講座講師も務める。またプレイバックシアターのプラクティショナーとしての活動も。趣味は数え6歳で始めた日本舞踊、ヨガ、高校の同級生との月1山歩き。

きだった。

未知の世界に初めて学ぶ喜びを得られた。好奇心が刺激され、さまざまな心理療法や精神分析、友人に誘われて箱庭療法、アートセラピー、夢分析など、次々に広がっていった。

1年半後、塾の講師のメンタルケアーを担当するも、目指すカウンセラー像とのギャップに耐えられず3年でギブアップ。せっかく学んだカウンセリングなのに……。

悩める背中を押してくれたのは高校の同級生だった。ちょうど結婚して出ていった長女の部屋が空いていたので、自分のスタイルでと決心がつき、平成6年8月カウンセリングルーム「ブランコの家」を開く。

カウンセリングを学ぶことは、自分を見つめなおすこと。見たくない自分、未熟な自分にもしっかり向き合わなくてはならないつらい作業でもある。反面、新しい自分に出会え、広い世界が見渡せる喜びも得られた。なんてちっぽけな自分！　狭い世界でぬるま湯につかっていた私がカウンセリングを学べたことは天命とも思える。

私たちの心は大きく自由なのです。言葉によるカウンセリングだけでなく、砂箱に玩具やミニチュアを置いての箱庭作り。画用紙にクレヨンで好きなように形や線を色で表現するアートセラピー。子どもの頃のように想像力を広げて自由な発想が楽しめ、自分の新しい可能性や魅力の再発見に役立っている。

「ブランコの家」開設と同時期に出会ったのがプレイバックシアター。夢分析仲間からの「溜

砂箱に玩具やミニチュアを置いて作った箱庭。

飲が下がる」のチラシからである。参加した方の語るお話をすぐその場で演じる「即興劇」。批判や分析がなく、カウンセリングの大切な「寄り添う」世界があった。もう一つの癒しのステージとして、子育て中のお母さんたちとの会話やカウンセリング研究会、ワークショップなど楽しんでいる。

ある保育士さんとの出会いは保育園での子育て支援や保育士支援につながった。起業したカウンセリング仲間とはベビーマッサージやシニア支援の講座講師へとたくさんの出会いに支えられている。

好きな世界は心を躍らせ、輝きながら彩り豊かに生きる力をわかせてくれる。

赤ちゃんからシニア世代まで、これからも新しい出会いを楽しみに、誠実に寄り添える心の伴走者でありたい。

看護師から タッピングタッチの インストラクターへ

今から半世紀前、私は理想の看護師像を求めて、東京都内の大学付属病院で看護師として働き始めました。

やがてやってきた高度経済成長時代は、医学界においても進歩の時代でした。進歩の時代を象徴するように、腎透析や腎移植、心臓病など先端の医療が始められ、それに伴い看護業務も多くのことが求められました。今考えると、昼夜とわず研鑽に励んだことが思い出されます。理想的な看護に近づければと、希望を友と語らいながら、苦

Profile

後藤　佳子

1943年茨城県生まれ。中学校卒業後准看護学校へ。人命に携わる仕事を続けるには知識と技術が不可欠と、高校、看護学校へ。卒業後は都内の大学付属病院に就職、38年間勤める。28歳で結婚、46歳で子育てが一段落したため念願の大学へ入学、卒業。産業カウンセラー資格を取得、72歳でタッピングタッチ協会認定のインストラクター資格を取得。

しいながらも楽しい青春を過ごしました。

また、時代の流れとともに看護師の仕事は３Ｋ（きつい、汚い、危険）と騒がれ、看護師のなり手が減少してきました。このようなマンパワーの不足の問題や社会情勢の変化に伴い、看護師への要求も高くなり、精神的にも体力的にもとてもきつい時でした。このような状況は現在も変わらないと思います。

28歳で結婚、男児一人に恵まれました。子育て中を振り返ると、我が家も核家族で、近隣に親戚もなく、産前産後6週間の育児休暇等の社会保障も貧しく、保育園は8時から5時までと、とても勤務時間に合わず、病気の時は夫と険悪な状態になる時もしばしばでした。また、かわいい盛りの我が子のイベントにはほとんど参加できない状態でした。

世間では「寿退職」という言葉が盛んに言われ、結婚や妊娠とともに退職していく方々も多くいました。私にも「辞めたら」と言われることもありましたが、私の心の中には、新たな仕事観や看護観が芽生えて、退職の2文字は私には無かったことを記憶しています。

私がこのような時代・状況の中で仕事を続けてこられ、そして今があるのは、子どもと夫、さらに仕事仲間の多大の協力があったからこそです。看護の仕事は、人間対人間の関係で成り立っています。お互いに支え、支えられた充実感、苦しいながらも得られるやりがい、多種多様の学びの友との出会いと体験、これらが私の支えとなり、私にとって全力投球での38年間を続けることができました。

退職後12年が過ぎようとしています。退職時の肩の軽さの感触は今でも忘れられません。退職後は自分のために生きようと心に誓い、実現しています。20年前に夫が他界、今は一人生活を楽しんでいます。健康に恵まれ、心身に苦しみもなく、ゆったりと安らかな日々を過ごすことができています。週2、3回診療所でアルバイトをしています。新しいことを覚えることに四苦八苦、時には叱咤の刺激を受けますが、これもまた人生、若い方々とのふれ合いが今の私の元気の源と言えます。

74歳を迎えようとしている今、今後はシニア世代の方々にタッピングタッチの種まきをしたいと考えています。タッピングタッチとは、誰でもどこでもできる簡単な手法です。「ゆったりとしたペースで左右交互にタッチする」ことを基本とした統合的でシンプルなケアの技法。お金も道具も訓練の必要もなし。子どもやハンディのある人もできます。心と体の緊張をほぐし、心身ともに健康であろうとする内なる力に働きかけます。効果は、リラックスする、体の緊張がほぐれリフレッシュする、親しみがわき安心や信頼を感じることです。ご興味をもたれた方は体験してみませんか。タッピングタッチをお互いにし合いながら、一人ひとりの特技や好きなことを共有したり、おしゃべりを楽しんだり、助け合いながら、お互い自分らしい人生が送れるようにできたらと望んでいます。

みんなでタッピングタッチ。

私の社会貢献と健康長寿

私の人生の初めは、大阪より疎開する時、乗った列車が爆撃を受けて死にかけたことから始まりました。戦災で家が焼けたりと大変な時代に育ち、家族みんな一生懸命生きてきました。

戦後農地改革で長男の父は大阪の公務に帰れず、両親は農家となることになりました。私は昼間は祖母と過ごすことが多く、今思えば祖母はしつけも厳しい人でしたが、いろいろなことを教えてもらったような気がします。

かまどでの御飯炊き、自家製の季節野菜や魚の料理方法、洗濯の仕方、干し方、室内ほうきの使い方など、今で

Profile

滝野　洋子

1943年大阪生まれの鹿児島県育ち。自称「薩摩おごじょ」。小学校教員、公立と私立の保育園園長を経験。現在、グランドシッター養成講座専任講師、明優保育園理事、東京薩摩川内会常任幹事、町会役員、子育て支援ボランティア、老人ホーム折り紙ボランティア。楽しみは、郷里の民謡「鹿児島おはら節」を郷里の仲間と踊ること。千葉県船橋市在住。

は考えられないことですが懐かしく思い出されます。また祖母は親族の命日には寺に行き、子孫を見守ってくれる御先祖様を大切にと教えてくれました。寺に京都からえらい坊様が見える時は講話を聞きにつれていってくれました。坊様の講話は幼い私の心に残っています。

「人のために尽くせば必ず自分に帰る」

「悪い事をすれば、天の神様、地の神様、風の神様がみている」

「人と人とのつながりは宝石より大事」等々。

祖母の口癖「子ども叱るな、来た道じゃ、年寄り笑うな、いく道じゃ」は、これまで生きてきた私の人生の中で道しるべとなったような気がします。

以前は保育園、小学校と子ども達と過ごしてきました。子どもが大好きで、これまでの人生これから向かう人生も、子どもとかかわっていきます。今はかわいい子どものおばあちゃんです。とてもかわいいし、元気をもらっています。

現在は地域でのボランティア、郷里の会の常任幹事、同窓会の仲間との交流、子育て支援のボランティアをしています。グランドシッター養成講座の講師としての勉強も、脳の活性化とぼけ防止になりますが、道はまだまだ遠いです。

健康のバロメーターとして郷里の民謡を郷里の仲間と踊っています。毎年渋谷で行われる「渋谷・鹿児島おはら祭」の今年20回目を、健康で仲間と一緒に道玄坂で踊れたことに感謝しながら、さらに11月3日の「鹿児島おはら祭」と11月5日の郷里の「はんや祭」に仲間と踊りに行

十五夜にちなんだかわいいウサギ。

き、郷里の友達と交流を深めてきます。健康でいつまでも田舎に帰って踊れるかな？　私の目標は80歳までは自分の足で歩け、田舎に帰って踊れることです。日々の中では近所の同年代の方や一人暮らしの方々とお茶したり歩いたりと、みんなと仲良くすることでも日々元気をもらっています。

　毎月行っている老人ホームでの折り紙やお話し相手を、自分も行く道として続けていきたいと思っています。小さい頃の話や折り紙を折ってもなかなかうまく折れないもどかしさなどあるものの、一生懸命折ろうとなさる方、手をそえて「一緒にやりましょう」と言えば「にこっ」と笑ってくれる方。さまざまな人生の中を生き抜いていらっしゃる方と接しながら自分の行く道を学べることも多いです。

　待っていて下さる方のために次回はどんな物を折ったら喜んでもらえるか、季節を考えたり行事を考えたり、仲間と話し合う時間は楽しいし、勉強になります。

　これからも健康に気を付けて社会貢献できるよう明るく笑顔で過ごしたいです。

呉服ひとすじに

昭和17年、茨城県北茨城の海側で、3人きょうだいの長女として生まれた私は、中学校を出て17歳で東京へやってきました。

東京で、洋装店に勤めました。そこで店長に見初められ、22歳のとき結婚しました。夫は横浜生まれの土浦育ちで、故郷が近いのは良かったと思います。男の子二人さずかりました。

まもなく洋装店は呉服店に変わり、夫が独立、私もその店を辞めました。最初は夫と一緒に呉服の訪問販売をしていました。息子が17歳の時、夫が亡くなりました。そこで義兄夫婦と息子

Profile

櫻井　靖子

1942年茨城県北茨城生まれ。なぜか高校へは行きたくなく、中学を出て洋裁・和裁・編み物を習うものの性に合わず、東京で洋装店に就職。22歳で職場結婚、夫の独立に伴い一緒に呉服の訪問販売を手伝う。夫の死後、新宿・歌舞伎町に店「京呉服さくらい」を開く。移転に伴い店を縮小し、現在はレンタル・着付けの専門店。趣味は読書。

と一緒に店を持つことになり、店は「京呉服さくらい」と名づけ、東京・新宿の歌舞伎町にかまえました。ここ歌舞伎町は日本でも指折りの賑やかな繁華街で、クラブ、バー、スナックなどのお店が何万とひしめいています。そういった店の女性たちにとって見栄えのする衣装は必需品です。殊にママさんたちには、「キモノ」は無くてはならないものです。このように、場所がらのおかげもあり商売が軌道にのっていきました。

世の中はバブルになり、バブルの絶頂期は、ご多分にもれず景気がよく、呉服もよく売れました。韓国、中国から出稼ぎに来ている女性たちも多く、「キモノ」を買い求めていきました。観察していると、彼女たちは皆、まず高価な着物から選んでいきます。これは、国を離れて、家族を離れて出稼ぎに来ている彼女たちの心の寂しさのせいかもしれません。

やがてバブルがはじけ、だんだん着物の需要も減ってきたので、およそ20年前、義兄夫婦は茨城へ帰ることになりました。それからは息子の力を借りながら私一人で店を切り盛りしてきました。呉服はやはり京都が本場ですから、仕入れは京都まで行くこともありました。

東日本大震災が起きた年、私は直腸がんで2〜3か月入院することになり、脚の付け根の50個くらいのリンパ節をほとんど切り取りました。おかげで脚にしびれが少し残っていますが、ほかは問題なく元気でいます。退院を機に、同じ歌舞伎町ですが、店を縮小し、思い切ってレンタル・着付けの店に転換し現在に至っています。今では多くの美容院で美容、着付けをしていますが、当時はレンタル・着付けの店はほとんどありませんでした。

この仕事は時間勝負のところがあります。顧客のママさんたちは、飲食店の営業開始時間寸前に飛び込んでいらっしゃるので、10分~15分で着付けなければなりません。いかに速く、綺麗に着付けてさしあげるか、このあたりが腕の見せどころです。ある時「7分で着付けて！巻いてあればいいから」という方が、テレビに出たので、着崩れしないかヒヤヒヤでした。

あるいは、クリスマスやお正月、雛祭り、七夕、イベントの日などには、突然50人くらいがドッといらっしゃるので、店の女性と二人で大奮闘をします。一般の顧客は、七・五・三のお祝い、結婚式への列席などの方がたまにいらっしゃいます。

戻ってきた衣装はシミ、汚れの点検をし、洗い張りに出すかどうかの見極めをします。下着類は自宅へ持ち帰って洗濯し干してアイロン掛けします。このように衣装のメンテナンスも大事、また季節の変わり目の衣更えも大事で、なかなかの重労働です。

趣味は読書で、おもに話題の小説を電子書籍で読みます。又吉直樹の『火花』や、最近ではノーベル賞作家のカズオ・イシグロの『遠い山なみの光』を読み、続いて他の作品も読んでみようと思っています。北海道や九州旅行もしてみたいのですが、まとまった休みがとれません。

仕事が趣味、というのでしょうか、生涯現役でいたいと思っています。

戦中戦後を生きのびて

台湾が日本の統治下にあった時代、台湾の水利灌漑事業に貢献した八田与一氏の許で父は働いていた。母は、祖父が台湾精糖で働いていたことで、両親は台湾で結婚、東京と台湾を往復していた昭和6年3月に私は巣鴨で生まれ、3歳で台湾へ戻り、終戦を迎えるまで台南で生活した。

大東亜戦争では、台湾は爆撃もなく恐ろしい思いはしなかったが、ただ一度、B29の攻撃を受け防空壕の中でその恐ろしさを初めて体験した。直ちに姉妹、叔母たちと堀という所へ疎開、両親は残り、弟は学童疎開した。それ

Profile

脇谷　東美

1931年東京巣鴨で生まれ、台湾育ち。1946年日本へ引き揚げる。幼少時は九州を転々、引っ越しを繰り返す。ドレメの分校池田淑子先生の許へ通学。1954年肺結核で肺葉と肋骨を切除、10年の自宅療養のあと30歳を過ぎて経理学校へ。遠藤楽建築創作所に就職。インテリアデザイナーを目指すも挫折、37歳で結婚。趣味はジャズにカラオケ、踊ること。

でも当地では戦争など絵空ごとのようで、現地人の農家の人と衣類と豆を物物交換し、おかげで毎日甘い煮豆を食べていた。

翌年、終戦を迎えたが、外地のせいか緊迫感はなかった。昭和21年、引揚船で広島へ上陸。父の実家がある埼玉県へ向かう列車で、冬の寒さを知らない私達は、列車の床にお互い身を寄せ合って極寒に耐えたことが、未だに忘れられない。

家がなく、叔父の家に居候していたが、耐えかねて母の故郷鹿児島へ、そして宮崎へと転々とした。母が口ぐせの「武士は食わねど高楊枝」の言葉に励まされながらも、学校も落ち着く間もなく転校、友もなく、言葉も通じない一人ぼっちの寂しい学校生活だった。けれども叔父が農家だったおかげで、食べ物はいっぱい食べることができ、叔父にはほんとに感謝している。

世の中がだんだん落ち着きを取り戻した頃、それでもまだ物資が足りない中、父は私をドレメの分校だった池田淑子先生の許へ通わせてくれた。こんな父を尊敬をしている。ただ、習ったことを仕事につなげていない自分に悔いを感じるが、自分の服は自分でリフォームしている。

昭和29年、西武新宿線の東伏見駅近くに家が建ったと同時に私は肺結核に冒され、肺葉と肋骨を取る大きな手術を受けたのは、23歳の時だった。それから10年間自宅療養に励み、30歳過ぎてから社会と繋がりを持ちたいと思い、外に出た。

自活を志し、経理学校に通い、遠藤楽建築創作所に就職した。そこはスタッフが4、5名の小さな事務所だったが、帝国ホテルや自由学園をフランク・ロイド・ライトと共同設計した遠

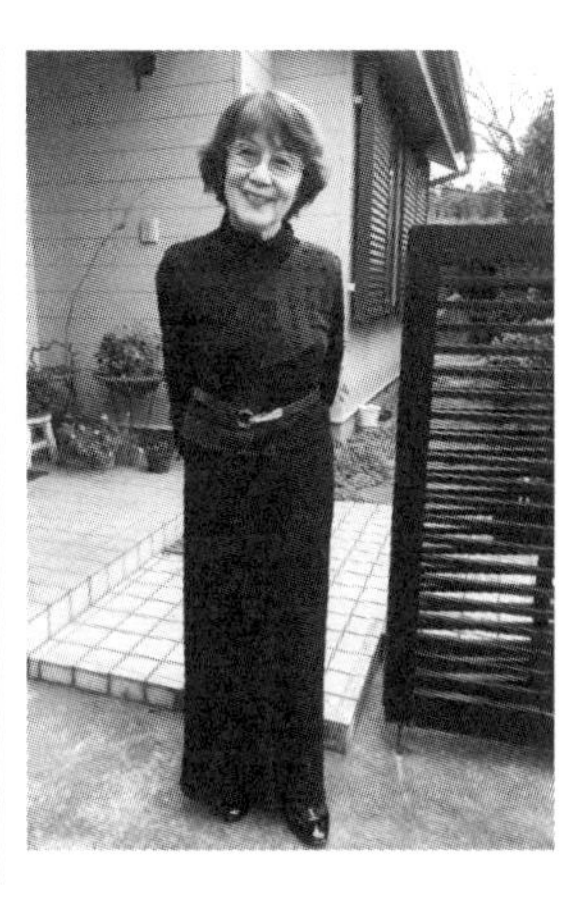

藤新の息子の事務所だと、後で知って驚いた。バッハやヴィヴァルディを聴き、観るもの、食べるもの、すべて最高のものをと、私も含めて社員も同行させていただき、感性が磨かれた。

そして私はインテリアデザイナーになりたいと、その道に走ったのも束の間で、女が一人で歩むには無理だった。ひとり身の私を気遣った姉が今の夫を紹介してくれた。私も夫も気難しいのだが、縁あって初婚同士で結ばれた。

現在、夫と共通の趣味を生かし、ジャズにカラオケ…と楽しんでいる。夫はマラカスにボンゴを、私は踊り、声を出し、体を動かすことで健康を保っている。

何かとせわしない昨今、身の回りだけでも穏やかに過ごしたい。人を思いやる心と陰口は慎まなければと思うが、つい口にしてしまう時、夫に諭されハッとする。こんな時、夫への尊敬の念がわいてくる。

動くこと、踊ることが好きだが、困った時は瞑想し、観音経をとなえる。人間には必ず別れがくる。でも死んでも魂は生き通していると思う。神は自分の中にあり、瞑想することで心が落ち着く。若い頃大病をしたにもかかわらず今まで生きてこられたのは、神に生かされているのだと思う。百歳をめざして、自分だけでなく世の中、人のために尽くしたい、そのために夫と二人持てるエネルギーを使っていきたい。

自分への挑戦
～励ましを受けて

クロスカントリースキーを始めクラブに入り、トレーニングを積んだ後、ワールドロペット*の大会に参加。一巡り目は10大会を完走し、二巡り目の前半では67歳になったが、念願の世界最大・最長レース、スウェーデン90㎞に挑戦し11時間30分で完走した。

しかしその頃、右足首に痛みが発症、変形に気付く。また、左目眼底出血の手術で医師のミスにより後遺症が残り、右目の緑内障の進行も速く、目のトラブルが足の変形に拍車をかける。検査の結果、オペも出来ず温存するしかな

Profile

米川　雅子

1938年生まれ。白稜山岳会に在籍、命がけの体験が後の人生のバックボーンとなる。23歳で結婚、4児の母に。20年後にスキー一級取得。カナヅチから始めた水泳は10年後マスターズ新記録。流山マラソン7連覇。47歳で夫の突然死の後、クロスカントリースキーを始め、60歳で世界のクロスカントリースキーマラソンに参戦。6年間で10大会完走し、66歳でワールドロペットゴールドマスターの称号を得る。日本女性では4人目、世界で約3000人中1921人目となる。

*ワールドロペットとは、長距離クロスカントリースキー大会の国際連盟。現在は20か国が参加、20大会で構成され、うちメインレース10大会を完走すると「ワールドロペットマスター」として認定される。現在1万3000人以上が各大会に参加。http://www.shsf.jp/ski/worldloppet/

山林のコースを懸命に快走する。

いと言われ、目標を下げて続ける決心をする。長年住みなれた家を処分し駅近くの緑の多いマンションに引っ越したが、これも身体にかなりの負担となり、頑強な私も次々に故障が出始めた。一時は歩行も困難になり、ギブスをつけ、うっ屈した日々を送る。

やがて小山裕史先生の初動負荷の理論に基づくジム、本、靴に出会う。ジムでも素晴らしい出会いがあった。「素晴らしいハムストリングスをお持ちですね」と女性から声をかけられた。彼女はバドミントンの元世界チャンピオンだと後で知った。まだ私にも褒められる所が残っているのだと、とても嬉しかった。それでもこの数年は私のスポーツ人生の中で一番辛い時期だった。二巡り目の後半のレースを何とか完走し、励ましてくれる人達にお礼が言いたかった。最後のレースはポーランド26kmで、雪不足のためスタート時間が午後に変更。日暮れに向かう山林のコースは目と足に問題を抱える私には酷しかった。ヘッドライトをつけて頑張ってみたが時間切れで完走できず、私の挑戦は終わった。20年近く取り組んできたクロスカントリースキーを辞めた。完走できてもできなくても辞めると決めていたのに、切り換えは簡単ではなかった。

足首と右目緑内障の悪化に始まり5年に6回の入退院・オペを繰り返すうちに医学の進歩のお陰で腰の骨を足首に移植するオペに成功した。1年後に金属を抜去し、2年間の懸命なリハビリで歩けるように、今ではジョギングできるまでに回復した。一方緑内障は何回オペを受けても進行を食い止められず、視野・視力が失われていく状態で、アウトドアスポーツは諦めざるをえなかった。「よし、水泳を楽しもう！」と思っていたら、眼科のドクター曰く「この手術後、水泳は一生禁止ですよ」。思いがけない言葉に呆然。仲間や友人からは「ジムの看板娘になったら」「何があっても復活する人だから大丈夫！」整形外科のドクターは「あきらめることはないよ。でも無理しちゃダメだよ」と沢山の励ましに感謝しつつ私は前を向いた。

視力・聴力の低下で中断していた英語の勉強を再開する。電子辞書を使うこともままならない状態で補聴器を使用してどこまでできるか挑戦したくなったのだ。友人と先生の勧めでiPad Proを購入、悪戦苦闘のすえ新聞や本はダウンロードして自分仕様に設定し、娘の助けでＰＣとプリンターとも接続し、何とか読み・書きができるようになり、新しい世界が広がった。最近「前向きに努力するあなたを見ていると、こちらも励まされる」と声をかけられることが多くなった。私は自分のリハビリに懸命になっているだけなのに、そういう私が誰かの励みになれるなんて何と幸せなことだろうと思う。足は今では回復しているが、目はますます悪化、できることは少なくなる。今の目標は、最後まで自分の頭で考え、自分の足で歩きたい。できるかどうかわからない。わからないから工夫し、努力する。その過程で出会いがあり、学びがあり、感謝し、励まされる。それが有難くて私の挑戦は続く。これからも、無理せず、あきらめず、コツコツと進んで行きます。

「野の舞台」で美しい舞を

今さらながら、時の経つ早さに驚き、慌てふためき、潔しの心境に至っている。

ひたすら、好奇心と楽天的な性格を自ら「良し」としながら、前のめりで飛び回った月日。振り返ってみれば、いくつかの分岐点があった。しかし、いつも、あまり考えずに、「天命」として受け入れ、趣くままに歩を進めてきた感がする。残されている時間も、「偶然性の中の必然性」「生かされている私」と脳天気に暮らしているに違いない。

いつまでも、許される限り「野の舞台で美しい舞を舞いたい」と願う。

Profile

澤登　信子

1942年東京生まれ。㈱ライフカルチャーセンター 代表取締役（昭和51年設立）。ソーシャル・マーケティング＆ビジネス・プロデューサー。生活者の視点で企業、行政との関わり方をプロデュース。所属は、公益財団法人 アーバンハウジング 理事、一般社団法人 アーバンコミュニティ評議委員、NPO法人 元気な120才を創る会 理事・本部事務局代表ほか。著書『仲間と暮らす家づくり』（日経BP出版センター）ほか。

ふと、75年前を振り返ってみると、小さな会社を経営する父母の次女として生を受けた。一瞬「また女」かと、大人たちは、がっかりし、私は全身で「淋しさ」を味わい「人の気を引く術」を身に着けた。父の信念である「お金に負けるな」「教育だけは男女平等に」「お金は人に払ってから余ったら使え」「人を騙すよりは騙されろ」と育てられた。おかげで、幾重にも広がる人の輪の中に身を置きながら暮らすことができたと、しみじみ想う。

同時に、チャレンジ、チャレンジの連続であった。失敗を苦にもせず、リスクから始まる「行動」を楽しんでもきた。

大学を卒業する際、当時は「男女機会均等」ではなく、一般的に「女性25歳定年制」であった。単に「女性」だけの理由で就職に苦労し、歓迎されないなら「自ら切り開くことしかない」と20代前半で有限会社を仲間と創り、それから今まで、50年近く会社経営に携わっている。

今では、古ぼけた「マルクス経済学」を半世紀前に学び、資本家の家に生まれた環境に後ろめたさを感じながら、心に植えつけられた「所有より活用・共有」「協同・共生」の価値観を自分の軸の核としてきた。デコボコ道を歩み続け、贅沢を知らないままに現在に至る。「よく続いてきた」と我ながら不思議に想う。見えない力に頼りきった日々でもあった。これからも、「生涯現役」で社会に参画し続ける以外の道は、私には無い。

「心身の健康」に気使いながら……いつまで続く「道」なのか……？

社会に眼を向けると、高度経済成長の中で暮らし続けてきた今日、都市生活者の多くは、便利さを享受しながら日常生活を営んではいるが、さまざまな不安や淋しさを心に秘めているのではあるまいか？

その不安は、どこから湧き上がってくるのであろうか？　大地に根付いていない「都市の暮らし」の危うさを感じる。

私たちは根源的に暮らし方の見直しが急務となってきたようだ。暮らしの隅々での「人間と自然界との係わり合い方」が問われている。多様な課題が露呈している。

「消費の文化」に軸足を置く暮らしは「お金」と「モノ」の追いかけごっこを余儀なくさせられる。止まることのできないハツカネズミのように。

今日、都市生活者に求められているのは、〝私たち人間は「自然界の産物であり」「森は人間を必要とはしないが、人は森なしには生きられない」〟の志向であろう。私たち人間は、もっと奥ゆかしい暮らし方をしなくては！

私たち高齢期に暮らす人々が素朴に「幸せ」を感じる生活の案内人になりませんか？

都市生活者が失っている「豊かな自然」を少しでも再生し、次世代の人々に繋いでいく責務があるはずです。

私は４月生まれ、「桜の木の下で眠りたい」。

老人クラブのまとめ役に

終戦後まもなくの昭和29年、家族やご近所の方々に見送られ、岩手県山田町の織笠駅を後にしました。ファッションの勉強をし、いつかはフランスへという夢を抱いて東京・目黒の杉野学園ドレスメーカー女学院に入学するためです。当時は1ドルが360円の時代でした。

卒業後、学院に残り教師となりました。洋裁学校の全盛時代でしたので、生徒さんも多く、教えることは喜びでした。また、昭和39年の東京オリンピックの時は、制服のコンペに参加する作業にかかわるなど、この娘時代は華

Profile

黒澤　多美

1935年岩手県山田町生まれ。高校卒業後、東京の杉野学園ドレスメーカー女学院へ入学。卒業後、教師として残る。子育てが一段落し、女性センターで活動、運営委員に。60歳すぎて墨田区老人会へ入会。現在、墨田区老人クラブ連合会副会長、同女性部委員長、東京都老人クラブ連合会女性部常任委員、九十九会会長、ふる里山田同郷の会副会長などを兼任。趣味は大正琴。

墨田区「すずかけまつり」で講演する。

でした。

30歳直前に結婚、残念ながらフランスへの夢は破れてしまいましたが、いつか旅行に行きたいと思っています。

結婚当時は夫と義母の三人暮らし、やがて子ども二人に恵まれ、ＰＴＡ活動に力をそそぎました。

義母とはお互い率直に言い合い、義母の晩年には「死んでもあなたを守る」と言われる仲にまでなった。97歳で亡くなるまで姑づとめをしました。

その後、すみだ女性センターの「すずかけ女性大学」（当時）に参加、自主グループ活動を始めました。平成13年から女性のひろば委員、19年から委員長となり、女性センター運営委員もしました。すみだ女性センターをより多くの方に知っていただけるよう、いろいろな活動をしました。

地元の老人会へ入会、やがて会長に

60歳になって地元墨田区立花の老人会「九十九会（つくもかい）」に入会しました。当時はまだまだ男社会でしたが、やがて副会長になり、女性で初めて会長になりました。地元の老人会は80～１００人が集まるところなので、大勢の人をまとめるのに大変な思いをしました。皆さん長い人生を生き抜いてきた人たちの集まりなので、ここはとにかく話を聞こう、最後まで話を聞いて、最後に自分の意見を言う。このように振る舞っていたら、墨田区の老人クラブ連合会（墨老連）の副会長に、次いで東京都老人クラブ連合会女性部常任委員へと広がっていきました。

平成23年3月の東日本大震災で故郷山田町の実家が流失、親戚、同級生の何人もが亡くなりました。悲しく、つらい思いを胸に、個人的に何度も山田町を訪ねました。女性センター運営委員の被災地に物資を送る活動をしながら、援助の仕方の難しさ、女性の視点の大切さを痛感しました。

「琴望会」で仲間と大正琴を弾く。

現在の私は、ふる里山田同郷の会へ年1回参加し、司会を務めています。江東区民まつりでは山田町物産展を開催し、ふる里の物産を楽しんでいます。また、山田町合併五十周年記念式典には、同郷の会会長をはじめ幹事数名で出席させていただきました。

これまで、自分が嫌なことは他人にはすまい、という心構えで生きてきました。

趣味は大正琴（琴伝流）で、「琴望会（ことみかい）」の仲間とともに楽しみながら老人会へ慰問活動もしています。おしゃれも好きです。

バランスセラピー人生

私は今年77歳。喜寿真っ只中を楽しんで生きています。現在、ＢＴＵ（バランスセラピーユニバーサル）講師として、また、佐世保シーガーデン教室長として後進の育成のほか、ストレスケアカウンセラーとしても現役で働いています。

私の人生は、52歳の時、夫が病で倒れたことがきっかけで、大きく変化しました。それまでの私は友達から「元気印」と言われ、「横山さんに会うとエネルギーを貰える！」と、もてはやされ、音楽を生業とし、ピアノを演奏していました。私の住んでいる長崎県佐世保

Profile

横山　俊子

1940年長崎県佐世保市生まれ。20歳の時から佐世保のアメリカ海軍将校クラブでピアノ演奏を始める。1992年、52歳の時にストレスケアカウンセラーを養成するBTU(本部福岡、バランスセラピーユニバーサル)に出会い、３年後、それまでの音楽人生を捨て、ストレスケア講師として教室を開設、後進の育成に努め、多くの講師を輩出。現在も現役のストレスケアカウンセラーとして活躍中。

市は、アメリカ海軍の基地があります。遡ること50年前、アメリカ海軍将校クラブ（B・O・Q）でハウスバンドの一員として働いていました。世界初の原子力空母「エンタープライズ」が日本で初めて佐世保入港した時は学生運動のグループが押し寄せ、街は戦いの戦渦と化しました。今思い出しても、ゾッとする光景です。

あれから時代は流れ、バブル時代を経て、世の中は少し落ち着きました。私の仕事も結婚式や華やかなステージでの演奏などが増え、楽しく働いていた時、主人が「癌」の宣告を受け、余命1年と医師に告げられたのです。青天の霹靂でした。悲嘆に暮れた日々。そんな時に友人に勧められたのがバランスセラピーでした。その頃は、私の生涯に大きな影響を与えるとは夢にも思わなかったのですが、学ぶことを迷っていた私に主人が言った一言「お前が勉強して俺にしてくれ」。この言葉が私の背中を押してくれました。学び始めで下手な技術なのに、主人は喜んでくれました。そんな主人は、バランスセラピーに出会って3か月後、52歳の私を残して帰らぬ人となったのです。あまりにもあっけなく、茫然自失の私でしたが、途中で投げ出すことができない私は勉強だけは続けました。すると代表から「横山さん、もう羽ばたいていいんだよ」と、言われました。しかし、私

ストレスケア講師の仲間と。

は主人のために勉強したのであって仕事にするなんて考えてもいなかったのです。ところが、突然、私のなかに「バランスセラピー」を世の中に伝えたい！」という強い思いが湧き、30年以上続けてきた音楽活動にピリオドを打ち、現在まで突っ走っています。当時はストレスという言葉もまだまだ一般的ではなかったので、とても怪しい目で見られましたが、新しい芽を潰したくないという想いが強く、それまでの音楽活動をキッパリと辞めることができました。

バランスセラピーに出会えて25年、主人との別れからも25年の月日が流れました。

平成7年7月7日に教室を開設。55歳からの出発でした。随分年を重ねて参りましたが、沢山の素晴らしい方々との出会いは、1万人以上になり、人材育成としてBTUの学習を通して多くの講師を輩出、卒業生も約200名を数えます。とても頼もしく、私の想いを継続し活躍中です。人生前半のピアノ演奏と後半のストレスケアでは、全くかけ離れていると思われがちですが、今思うと、この仕事のためにピアノ演奏をして、手指の感性を訓練していたのではないかと思えます。

私は、楽しい日々を生きたい、素敵な方に出会いたい、という想いで毎日を生きています。100歳現役ストレスケアカウンセラーを目指して頑張ります。素晴らしいバランスセラピーに出会い、人様のお役にたつ仕事にめぐり合わせていただき、素敵な人生を歩けていることに感謝しています。輝かしい未来へ向かって「誇り」と「自信」と「勇気」を持って邁進いたします。ありがとうございました。

一生チャレンジ

昭和23年に北海道紋別郡滝の上町で6人兄妹の末っ子に生まれました。父親は滝の上町で炭焼きの仕事をしていましたが、それだけでは食べていけないので、私が中学を卒業すると同時に、日高富川で働いていた長兄を頼って日高富川へ移り住みました。

定時制高校に通いながら、昼間は呉服店で働いていました。19歳の時、長兄の嫁の紹介で結婚しました。夫は裕福な家庭の長男でした。当時私はまだ結婚への実感がわかず嫌で嫌で逃げまわっていました。父も「典子が嫌なら、しなくてよいぞ」と言ってくれたこと

Profile

鍋澤　典子

1948年北海道紋別郡滝の上町生まれ。地元の中学卒業後、日高へ移住。夜は定時制高校へ、昼間は呉服店で働く。19歳で結婚、男子二人もうけるが、夫の暴力が始まる。地獄の日々を耐え、18歳の長男が専門学校進学で家を出る時、15歳の次男をつれて着の身着のままで家を出る。46歳で再婚、リンパドレナージュ（マッサージ）に出会い、習得。現在、自宅と札幌にサロン開設。

もあり、断り続けていましたが、嫂と母が強く望んだので、とうとう結婚することになりました。

二人の男の子が授かり、そのころから夫の暴力が始まったのです。ほぼ毎日のように殴られ、外出も許されず、ビクビクして過ごす日々がずっと続きました。大声で怒鳴られたり足蹴にされたりで体は痣だらけ、動くこともままならない有り様でした。現在のように警察が相談にのってくれる時代ではなかったので、地獄のような日々を耐え忍んでいました。

長男が18歳になって専門学校へ入学するために家を出ることになった時「二人だけでほっておけないから、母さんたちもこの家を出たほうがいいよ」と長男が背中を押してくれたので、意を決して、15歳の次男と一緒に着の身、着のままで家を出ました。

それからは友人宅に身を寄せて、朝早くから夜遅くまで必死に働きました。

そんなある日、知人のスナックのママから「いつも働いてばかりだから、たまには息抜きにゆっくりお酒でも飲みにおいで」と言われて行った店に、現在の夫が飲みに来ていました。時間も忘れていろいろな話をするうちに「そんなに苦労をしているなら、オレのところに来い」と言ってくれたけれど、バツイチで2歳年上の私なので、彼の申し出をなかなか受け入れられなかったのです。

その後、彼と息子たちが一緒に飲みに行ったり車を借りるほど仲良くなり、次男の勧めもあって再婚を決意、46歳の時でした。しかし小さな町のこと、周りから嫌なことを言われたけれど、夫は「オレが良くて一緒に居るんだからいいべや」と言ってくれました。また、結婚当初はＤＶのトラウマで、夫が背伸びをしたり手を挙げただけで、なぐられるかと思い身を縮めることがありましたが、20年も一緒に暮らしているうちにそんなトラウマも消えました。

垢すりの仕事をしていた53歳の時、当時日本で始まったばかりのリンパドレナージュ（マッサージ）に出会い、資格を取得しました。こんなに人に喜ばれて自分も嬉しくなる仕事はないと思って続けてきました。

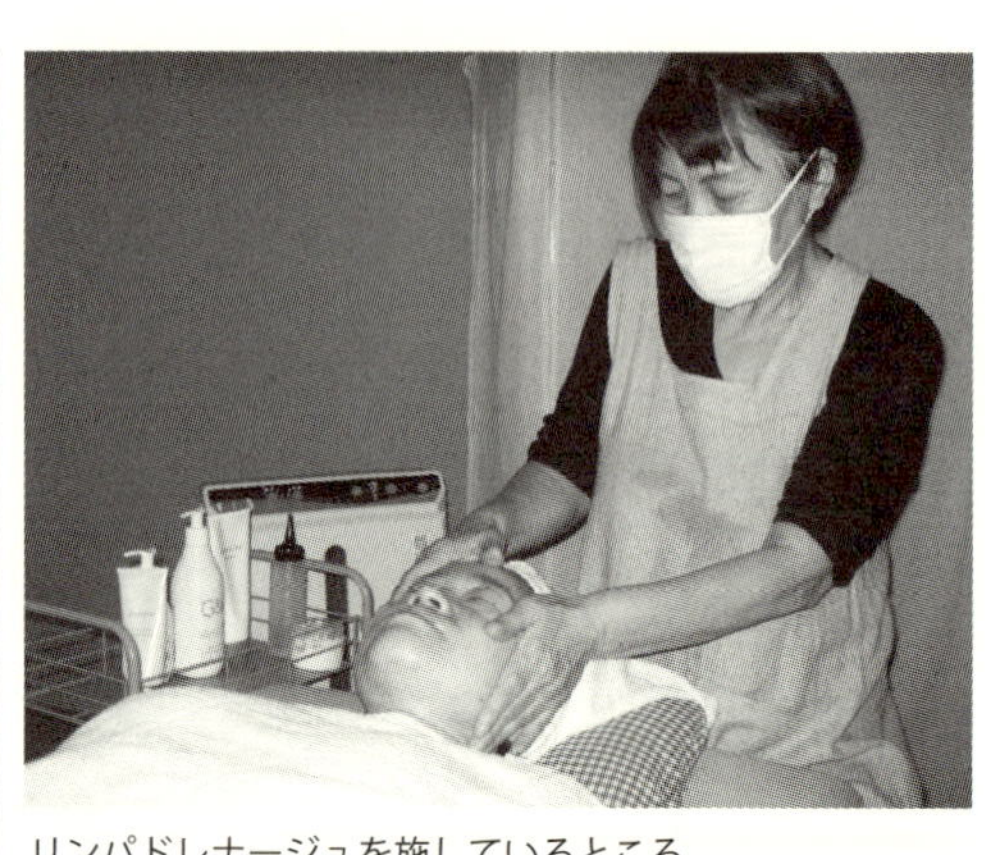
リンパドレナージュを施しているところ。

現在、自宅と札幌にサロンを持って、毎日働いています。これからは若い弟子を育てることに力をそそぎたいと思います。若い人に教えたり教えられたりすることが楽しく、若い人とつねにかかわっていると、自分が日々成長している感じがします。

趣味（得意なこと）は、バジルソース、マーマレード、ふきやわらびの塩づけ、キムチの素など、保存食を作ることです。

90歳過ぎても楽しくマッサージをしていられたらと願っています。

夢は弟子が全国でサロンを開き、そのサロンを巡ることです。

母の形見

　昭和19年4月、太平洋戦争まっただなか神戸で生まれました。母は尋常小学校を卒業すると、すぐに置屋に奉公に出され、20歳で満州に渡り私を身ごもり、両親の住む神戸に戻り、まもなく私が産まれました。

　翌年の3月17日の神戸大空襲で祖父と生き別れ岐阜に疎開、終戦後まもなく祖母が亡くなり、母と私は親一人子一人になりました。その後、母は4歳の私をつれて結婚したのですが、義父が結核にかかり、私に感染しました。私は高校1年生で療養所に入り、3年半の療養生活を送りました。

Profile

土屋　初美

1944年神戸市生まれ。高校時代は闘病のため療養所で過ごす。60代になって東京都立久留米高等学校（定時制）を卒業。エッセイが「60歳のラブレター⑤」（日本放送出版協会）に掲載される。現在、清瀬市消費者団体連絡会役員、西部保健生協清瀬東支部運営委員、ＮＰＯ法人「ぶなの樹会」理事。

私が療養所を退所する7か月前に母は離婚、手に職もなく、身一つで家を出た母の苦労は、それはそれは大変だったと思います。このような事情で高校を卒業できなかった私は、60代になってから都立久留米高等学校の定時制に通い、平成20年に卒業することができました。

幸い27歳の時、知人の紹介で結婚、夫と娘たちに恵まれました。

90歳まではしっかりしていた母は、91歳頃から少しずつ老いていき、デイサービスで尿漏れがひどくなって「もう人間でいたくありません」と言って、驚かされたことがありました。周りの人に迷惑をかけたり、自分で自分の体が思うように動かないのが、悲しかったのでしょう。

認知症の症状が出るようになってからは、目が離せず、大事な書類をビリビリ破いたり、ご飯を食べたのに、まだ食べていませんと言ったり、母がこわれていくようで、その度に悲しみが込み上げてきました。

そして昨年、平成28年の夏、最愛の母を見送りました。１００歳まで生きるものと思っていたのに、95歳と半年過ぎていました。ベッドから起きられなくなって10日ほど寝込んだだけで、昏睡状態が2日続き、夜10時30分頃に息を引き取りました。主治医の先生に連絡し、２階の夫を起こし、娘たちに電話をしました。なぜか私は涙も出ませんでした。

これまでの母のことを想い、母の亡き後をどうするか、あれこれ考えていました。夫は「家族葬でいいのでは」と言いましたが、「これだけは、私の思うようにやらせて」と頼み、葬儀屋さんに依頼しました。信心深かった母、苦労して私を育ててくれた母……。母が残した貯金は、母のために使いたかったのです。

お寺と焼き場の都合で、通夜と告別式は5日後になったので、遺体を葬儀屋さんに預かってもらいました。

母がいなくなった部屋で、「おばあちゃんの古い写真」を持ち出して、コラージュを飾るのだと、泣きながら作業をしている孫娘二人。昨年2月5日の母の95歳の誕生日に孫たちがプレゼントした人形の「きらら」を棺に入れよう、いつも母がテーブルの上に置き、話しかけていたから。そして、お気に入りのデイサービスで折った折り紙や色紙も入れてあげようと、私には姉妹がいないので、あれこれを娘たちと相談しながらできたことは、とても心強く感じました。

亡くなる1か月前でしたか、私がいつも「おばあちゃん」と呼ぶので、「私は、おばあちゃんではありません」と怒られ、「ごめん、清子さんだね」と謝ったこと、私の黒に大きなピンクのバラの模様のTシャツを、「まあ、きれいね」と言ってくれたこと、ちょっとした料理でも「わあ！　おいしいでえ」と顔を輝かせていたこと……。

一周忌が過ぎた今、想い出がよみがえり涙が出てきます。母の形見のオパールの指輪に「私を見守ってね」と話しかけています。

母（中央）を囲んで家族みんなで。

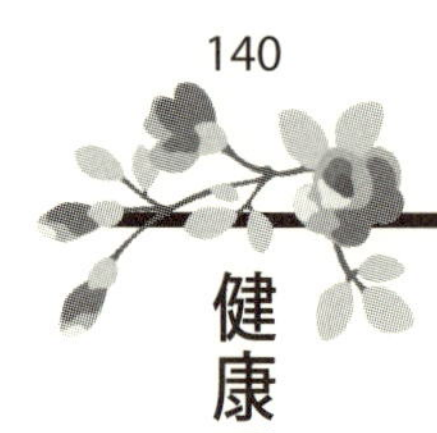

健康で長生きは、すべての宝

昭和17年、広島の片田舎で生まれました。幼少時代の私は体が弱く、結核にもかかっていたので、「この子は長生きできない」と医者から告げられました。朝は体がつらくて起きられず、小学生の時はしょっちゅう遅刻をしていました。今でも朝のしんどさは変わりません。

長くは生きられなかったはずの私が75歳になり、後期高齢者になりました。昨年、夫が残してくれた4階建てのビルを耐震のため5階建てのビルに建て替えました。女手一つでビルの建て替

Profile

左宕　弥佳

1942年広島県生まれ。FFC製品アドバイザー。19歳で上京。神父様と出会い聖書を学び、洗礼を受ける。スウェーデン大使夫人の世話役・話し相手の仕事につき、セレブの世界を見る貴重な経験を得る。26歳で結婚。51歳でフィランソビジネスを始め、現在シニアエグゼクティブとして活躍している。

えができたのも、健康で長生きして、働く場所があるからです。思い返せば、私が今あるのは、ある神父様との出会いがきっかけでした。クリスチャンとして洗礼を受けた私は聖書の言葉を〝光〟として、質素に生きることを胸に誓っていました。

そんな折、神父様のご紹介でスウェーデン大使の奥様の世話役・話し相手にどうかというお話をいただきました。大使夫人は話し相手となる日本人女性を探していたのです。夫人は日欧の習慣の違いから体調を崩し入院していました。病院の個室で面会し、その場で意気投合し、4年間夫人付きとしてお世話させていただくことになりました。スウェーデン大使館で繰り広げられるのは、まさにセレブの世界。天皇陛下や美智子様、各界の著名人にもお会いしました。夏は軽井沢、冬は葉山の別荘にもお供しました。大使ご夫妻の傍で過ごした4年間は夢のような日々でした。夫人から「マイ　ジャパニーズ　ドーター（日本の私の娘）」と言って深い愛情を注いでもらったこと、大きなお恵みをいただいたことを今も天に感謝しています。大使の次の任地ポルトガルへも誘っていただきましたが、家族からの反対もあり、断念しました。

元在日スウェーデン
大使夫人と共に。

そして26歳で結婚、披露宴では大使からのスピーチをいただき、夫人からは「あなたはもっと能力を花開かせる生き方をしてほしい、あなたにはその力がある」と言われました。この大使夫人の言葉が、それ以後の人生で私の胸のなかで常に私を励ましてくれたのです。

夫や義母の世話、子育てに励みながら、私は常に自分が輝ける場所、仕事を探していました。「家庭を壊さず何かできないか？」と考え、英語ラボのチューターやネットワークビジネスに取り組んでいました。

51歳の時、義母が寝たきりになり、義母を看ながらできる仕事はないだろうかと考えているとき出会った㈱赤塚の赤塚会長の「ＦＦＣ水は世界を救える水。これを世界に広め日本が世界から尊敬される国になることが私の願いです」の言葉が胸に刺さり、私も誇り高い仕事のお手伝いがしたいと思い、フィランソについて教えていただき入会。そしてフィランソビジネスのほうへシフトすることにしました。

義母の介護がありましたので、時間を工面して、何とか2年かけてこの会社の製品販売のリーダーになりました。あれからずっとこの仕事を続けています。生涯の仕事に出会うことができたのです。１００歳まで現役で取り組める素晴らしい仕事だと思っていますし、それを目指しています。

自分が健康であること、経済的に自立していること、日々素晴らしい出会いがあること。今この三つのお恵みをいただいています。人間が生きるということは、この地球の資源を使わせていただき、人生でお会いするすべての人に助けていただいているということだと思います。

長生きできないと言われた私が、75歳の今まで生きてこられたこと、これまでの出会いのすべてに感謝いたします。与えられた命に感謝の思いでいっぱいです。

なにはともあれ〈一期一会〉

　私は昭和20年広島で生まれました。女ばかり3人姉妹の末っ子で、子ども時代は、やんちゃばかりしていました。父親は米穀商で、商売もうまくいっていたので、私の我儘を許してくれたのでしょう。

　ところが、私が12歳のとき母が亡くなり、以後、祖母に育てられました。母が病弱だったせいか、母が亡くなる前から父には外に女性がいたようです。

　高校を卒業するといとこのいる京都で下宿して専門学校へかよいました。

　叔母の会社の大阪支店をまかされていた男性と見合いをし、結婚、大阪へ

Profile

濱田　峯子

1945年広島県生まれ。高校卒業後、京都の専門学校へ入学。叔母が経営する会社の大阪支店の支店長と見合い、19歳で結婚。夫が独立。19年前に夫が死亡、以後、がんこフードサービス㈱で11年、シダックス㈱で8年、現在は㈱コート・ダジュール（青木グループ子会社）で、一貫して外商畑で働いている。

やってきました。19歳のときでした。

夫は8歳年上で、夫のほかは女ばかりの8人きょうだいでした。やがて夫は叔母の会社から独立しました。その夫からいろいろな人たちとの交わり方を教わりました。これが後の人との出会いを豊かにする素地になったと思います。

19年前に夫を見送り、なにはともあれと「がんこフードサービス㈱」の外商チーム11名の一人として働き始めました。

以後、「がんこフードサービス」で11年、「シダックス㈱」で8年、そして現在は「㈱コート・ダジュール」（青木グループ子会社）で4年、都合20年以上、ずっと外商畑で働いています。外商の仕事は企業を回って忘年会や新年会の宴会の予約を取ることで、人に会うことが好きで苦にならないので、私に向いています。1社で数年間勤務すると新しい所で腕だめしがしたくなり、営業のプロパーとして次の会社へ移りました。けれども有り難いことに、今でも以前の会社から宴会の注文をいただくこともあります。

坂本龍馬の格言に力づけられて

最愛の夫には先立たれましたが家にこもらず、積極的にいろいろな人たちとの出会いの場に飛び込んでいき、おかげで友人、知人は山のように私のまわりに増え続けてきました。お金は貯まらないけれど、友人、知人は人一倍たまったと自負しています。これまでたくさんの経験や出会いを味わってきて、本当に幸せ者だと思っています。

出会いは私の人生をどんどん充実させてくれます。そして出会った人たちの言葉で、私は何度救われたかわかりません。いろいろな方々と会話を重ねていくことが、私の人生の貴重な糧になっています。

私にはいつも心に留めている、好きな言葉があります。坂本龍馬の格言です。

「楽をしても　楽しくないことがある。けんど　楽しくやればどんなことでも　楽にできるぜよ。」

この言葉に、これまで何度も力づけられ、勇気づけられてきました。

出会った人たちと同じ時間を共有することは本当に貴重なことです。世界中にはたくさんの人がおりますが、同じ時間を共にできる人は限られています。

ことに10年前くらいから、さまざまな人々と出会い、まるで私が考えていた将来像からは考えてもいなかった幸せを、今、与えられています。この歳になって、同年代、同窓生の方々もびっくりするような至福感を味わっています。

まだまだ多くの人と出会い、楽しい仲間が増えていくのを心から楽しみにしています。

これまでに夫のご両親、私の両親、愛する夫を見送り、なにはともあれ、これからの私を見てゆきたいものです。

学徒動員で過ごした横須賀と逗子

茶の間でテレビを見ていると、天気予報とともに、黄金色の稲田が波打つ、美しい景色が写った。

小学校の五、六年生の頃、稲刈りしたことがあったなあ、と思った。先生の引率で、出征兵士の留守宅へ稲刈りの奉仕に行き、初めて鎌の持ち方を教えてもらい、日の丸弁当持参で何軒かを回ったこと。幼子と留守を守る農家の奥さんは大変だと思った。

日支事変で、私の父も出征した。そして一九四一年十二月八日、校長先生が、日米は戦争状態に入ったと話した。

Profile

大橋　光子

1929年福島県生まれ、鉄道員だった父の転勤で6歳まで神戸で育ち、小学校入学で福島へ戻る。県立福島高等女学校、ドレメ洋裁学校卒業。沖電気に勤務後、洋裁を仕事にする。1949年結婚、大田区大森、その後池上に住む。子どもが小学生になった頃から「むさしの俳句会」で本格的に俳句を始め、結社「胴」「冨士ばら」「広軌」「雷魚」各終刊まで参加。現代俳句協会ではドイツと国際交流事業。最近は2歳の曽孫と遊ぶのも楽しい。

「なんで？　どうして？」と思い、足の裏がビンビン冷たかった朝礼を、今でも忘れられない。

小学五年の頃から、受験勉強をして女学校に入学した。小学校の高等科に行く同級生が多く、女学校や中学に行く子は少なかった。

女学校に入ってすぐ、盲腸の手遅れで入院。一学期はほとんど休んだ。

二学期から学校に戻ったが、戦争はますます激しくなり、勉強の合い間に福島競馬場を耕して麦などを作った。馬たちは、軍馬として戦場へ連れて行かれたのだろうか。肥え溜めから肥えを天秤棒で運ぶのが大変だった。

女学校三年生の十一月八日、「行け学徒よ」と校長先生が挨拶。特別夜行列車で福島駅から横須賀海軍工廠に出動した。私の配属は組み立て部だった。

「それで海軍カレー食べてたの？」と孫は聞くけれど、硬いコーリャン飯が出たのは始めの頃。食事はしだいにサツマイモだけ、日に日に食糧難になり、煎り豆などは大事な携帯食だった。

空襲警報は昼も夜も鳴る。海軍工廠での仕事を終えて逗子の寮に帰る途中、空襲警報がウーウーと聞こえてくると、暗い隧道の中で煎り豆をかじりながら警報解除を待った。夜中、寮で警報が鳴っても、あやちゃんは起きない。点呼の時には友だちが代返して「2班、全員います」と班長が報告した途端に、ガラガラとヤカンの蓋が落っこちる音がした。寝ていたあやちゃんが、ヤカンの水を飲もうとしたようだ。私たちまで先生に叱られた。彼女は本当に愉快だった。

食べ物がないことも辛かったけれど、日曜日には鎌倉まで遊びに行く友達もいた。私は体調が悪くなり、祖母と父が迎えに来たが、教師の交代時期まで戻ってはいけないと言われる。せめて一緒にと、逗子の海岸へ散歩した時、「暖かくて、いいところだね。ここで住むのは一生の得だね」と祖母が言った。その言葉が忘れられず、結婚後、二十年以上経ってから、東京から鎌倉に居を移した。

女学校の頃の日記に、こんな句が書かれていた。

野あざみや　流離の雲の　はるかなる

逗子に近い逗子ハイランドのスーパーに行くと、つい昔を思い出してしまう。

昼顔や　フェンスの向こう　星条旗

逃亡を　くわだてている　山桜

花火で賑わう海のあたりと異なり、我が家から山桜の峯が見える。私がこんなことを考えていたのか、と解釈する人もいたが、私は逃亡はしない。

親子で職業軍人だった偏屈な家の嫁になり、実家の親には心配をかけたが、舅、姑も、自分の父母も見送り、今は満足感。元気に毎日家事ができるのも、仏が見守ってくれるからだろうか。

十二月八日に満期になる定期預金がある。継続はせずに解約して、みんなで楽しみたいと思っている。

句集『結び目』。俳号は遊佐光子。

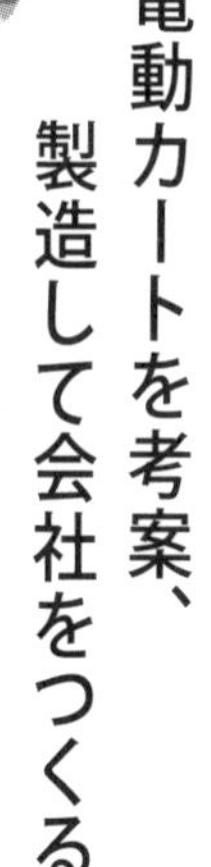

電動カートを考案、製造して会社をつくる

昭和14年東京の下町で3人兄妹の末子に生まれ、父は神社や神輿に使われる金具を作る飾り職人でした。気になる箇所があれば考慮を重ねて改良方法を編み出す、そんな父の性格を、手先の器用さを含めて私は受け継ぎました。

社会に出て、父と同じく伝統工芸の道に入りました。手がける工芸品の量をこなさなければならなくなり、中国で工場を作るべく、言葉もわからないまま単身中国へ行きました。その頃はまだ元首相の田中角栄氏が中国へ赴き、国交を回復する前のことでした。

Profile

内山久美子

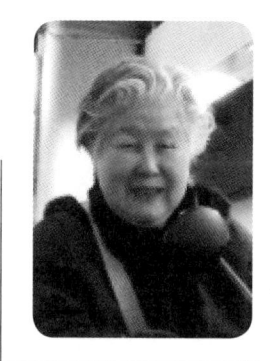

1939年東京の向島の飾り職人の家に生まれる。伝統工芸の道に進み、中国へ単身乗り込み工芸品を製造する工場を作る。68歳で年寄りが簡単に乗れる電動カートを考案、3～4年間かけて改良し製品化、「ぱるぱる」と名づけ、同名の会社を立ち上げる。中東から東南アジアまでそれぞれの展示会へ出品。2018年から元の工芸品製作の仕事を再開する。

当時の中国はまだまだ厳しくインフラも整備されてなく、行動するときは、常に安全局の人間が側につきっきり、ある時は部屋に閉じ込められたこともありました。また、日本でもそうでしたが、女の一人旅ではどこも泊めてくれません。とうとう、東京の母に電話して身元を保証してもらいました。また、便宜をはかってもらうために、あるいは次の町へ移動するためにお金を遣わざるをえませんでした。どれほど資金をつぎ込んだか……。もちろん騙されたこともありました。しかし中国人は轍を踏めば大丈夫だということも分かり、私は中国人の国民性、明るさ、おおらかさが好きです。

電動カートを考案したのは68歳の時です。私は、歳をとっても外出することが長生きの秘訣、ベッドに寝たきりは悲しすぎる、最後まで自分の意思で動きたい、と考えていましたから、自転車のような簡単に乗れて運転免許が要らず安全な乗り物があれば、たとえ足が悪くても外出できるのではないか、そのような乗り物を作れないかという思いが湧いてきました。

実際に作るにあたっては、生産コストを考慮し、かつての繋がりのある中国で生産することにしました。基本は4輪で、片手で簡単に操作できること、動力は電気（ＥＶ）にするというところから3、4年間改良に改良を重ねました。

当時の自動車はガソリンが主流の時代でしたが、電動カートについてはガソリン車というものは存在しないので、当初より電気になるということは、当然の事実でした。

開発当初こだわった点は、①高齢者も乗り降りしやすいようタイヤを1サイズ小さくし、車高を低くした、②遠くからの視認性を高められるよう、あえて光沢のある赤色にこだわった、③比較的重量のあるバッテリーを座席の真下に置くことで、運転時の重量バランスを考慮した。その他、タイヤは一般的には車と同じ硬いノーパンクタイヤが主流ですが、私は自転車と同じ空気タイヤをあえて使うことにし、からだに伝わる衝撃をやさしくしました。さらに、ライトの位置も上部につけて、運転席の高いトラックの運転手の目線からよく見えるようにしました。

こうして出来上がった物は納得がいかず金型まで作り直しながら工夫に工夫を重ねました。そして出来上がったのは、コンパクトで手軽に乗り降りでき、親指1本でらくらく操作、しかも15kgのバッテリーを含めて64kg（業界で最軽量）で外観もスマートな電動カートが出来上がり、名前を「ぱるぱる」と名づけ、会社も「株式会社ぱるぱる」としました。

「ぱるぱる」は、乗るための運転免許はいらず、家庭のコンセントで簡単に充電でき、走行距離は約25km、あくまでも年寄り目線で作ったところが同業他社のものと違うところです。

会社は少人数ながら従業員にも恵まれ、私の片腕としてしっかりサポートしてくれ、また中国をはじめ中東のドバイや東南アジア各国の展示会へ出展する際には大いに助かっています。しかしここまで来るまでに行政の助けもなく全くの一匹狼だったので、蓄えをすべて投資せざるをえませんでした。生涯働きつづけていきたいと思っています。

戦争と共にあった私の学生時代

大正14年東京の小石川で生まれる。学齢に達した昭和6年本郷区千駄木町へ転居し、戦争の激化で疎開するまで、ここに住んでいた。汐見小学校へ入学、我が家から5分足らずの所に夏目漱石が『吾輩は猫である』を執筆した家があった。また同所には、帝国大学教授斎藤阿具氏が住まわれていた。向かいには〝猫〟に出てくる下宿、俥屋があり、俥屋の娘と同級であった。

当時の小学校は、国の記念日には登校、式典が行われた。教育勅語の書かれた巻き物を教頭が奉安室からうやう

Profile

山本 和子

1925年東京の小石川に生まれる。小学校入学と同時に日支事変となり学校も戦争の影に覆われる。昭和12年ミッション系の女学校へ入学するも勉強する時間はないまま卒業、東京女子大学へ進む。やがて対米戦争中に大学を繰り上げ卒業、未練が残る学生時代だった。9年前に夫を亡くして以後、ひとり暮らし。

やしく捧げ持ち、全校生徒整列の中を校長に渡し、校長が読み上げるあいだ頭を下げて謹んで聴く。すでに満州事変が勃発しており、特に修身、国語の教科書には日清、日露等の戦争の逸話が美化され掲載されていて、生徒たちは教え込まされた。

戦地へ送る慰問袋（手拭いを四つ折り）をたびたび作らされた。中には細々とした日用品、小学生の手紙、千人針（弾丸避けと言われ、腹巻にするもので、大勢の人が赤い木綿糸で結び目を作り埋めていく）などを入れた。街道では「大日本愛国婦人会」のタスキ姿のおばさんたちが、道行く人々にひと針を頼んでいた。

この間に10歳違いの弟が生まれたが、6歳で病没、私は再びひとりっ子になる。

昭和12年、ミッションスクールの女学校へ入学。キリスト教系の学校は政府から白眼視され、先生方のご苦労はたいへんだったたと思う。講堂の壇上の脇には、〝武運長久〟〝一億一心〟のスローガンが書かれた幟があった。この種の幟は街頭に溢れていた。

女学校へ入学して1年生の半ばに父はベルリン勤務となり、横浜からアメリカ経由の客船で渡欧した。1年後に家族も父の元へ渡欧する予定だったが、第二次世界大戦の勃発で夢と消え、以後父とは8年間の別れとなった。

昭和16年12月8日、日米開戦が告げられ、厳しい生活に入る。暗くなると光が外へ漏れないように電燈に黒いカバーをつけ、その下でのまずしい食事と勉強……。次第に空襲が激しくなり、父から手紙で指示され吉祥寺の叔父の家に疎開、叔父一家はすでに小諸へ疎開していた。

女学校卒業後東京女子大学へ進む。1年生では完全に授業を受けられたが、翌年になると工場通い、学校に工場を設置と、勉強はままならず、わずかな時間の授業に没頭した。寮生活は食糧難、燃料不足等で厳しく、中途退学を余儀なくされた生徒もいた。学業繰り上げで3年の9月に、卒業式も形ばかりで校門を去った。中途半端な学業は今もって残念でたまらない。幸いなことに、我が家は空襲をまともに受けずにすんだが、昭和20年3月10日の東京大空襲のあと、父の郷里の小諸市に疎開した。この年の6月末に祖母が倒れて他界。そのわずか1週間後、日ソ開戦の数日前に父がシベリア経由で、ドイツ在留邦人引揚者の一人として舞鶴港へ帰国した。その約1カ月あまり後の8月15日、敗戦となる。

その夜、電燈の黒いカバーがはずされ、明るくなってホッとした。これは誰しもが感じたことと、後になって知った。再び親子3人の生活となる。2年後結婚、一男一女を授かる。

戦争に始まり戦争で終わった学生生活の記録である。

年をとるのは大変なことですが、日々新たな発見があります。毎日の生活の中にあって気持ちを明るく持ち、喜び、楽しみ、人との出会いを見つけること、ことに今ほどゆっくりと本を読む時間に恵まれたことはありません。朝、目覚めるとクラシック音楽の放送をバックに新聞に目を通すことから一日が始まります。

今は前を向いて貴重な残りの人生を過ごそうと心掛けています、周囲の助けに支えられつつ。

80歳で不動産会社を起業

昭和5年岡崎市で生まれ、生家は母の代まで3代にわたって夫には養子を迎えていました。父は証券会社を経営、当時は〝株屋〟といわれていました。

私もやはり三人姉妹で、私は長女です。買ってくれるおもちゃはブリキ製自動車や鉄道模型で、フランス人形を持っている友達が羨ましかったことを覚えています。

終戦の時、私は女学校3年。親に上の学校へ行くのを反対されましたが、仏教系の千代田女子専門学校（現武蔵野大学）ならと許され、祖母、妹達、

Profile

和田　京子

1930年愛知県岡崎市で証券会社経営者の長女として生まれる。女学校3年で終戦、千代田女子専門学校（現武蔵野大学）へ進む。1947年、高円寺に家が出来、移転。この頃、古本を商っていた東大生の夫と知り合う。やがて結核に罹患、2回の手術で回復。老後、夫を看取った後、宅建士の資格をとり、80歳で和田京子不動産㈱を設立、代表取締役社長として現在に至る。

私の４人での東京暮らしが始まりました。戦後すぐの混乱した時代で食糧は乏しく、学校から帰ると直ぐに買い出し、料理、家事と妹達のために目まぐるしく働くうちに私は結核にかかってしまったのです。「結核はうつる」と妹達に嫌われて、トイレも台所も使わせてもらえず、大変な思いをしました。

その頃、立ち読みに行っていた古本屋を営んでいたのが東大生の和田でした。彼が欲しい本を手に入れたり親切にしてくれていました。私が結核だと知った彼は、「結核は手術で治る」という主旨の本を「これを読みなさい」と届けてくれたのです。和田の医学生の友人が結核は手術で直ると確信していたので、和田は私の親に入院・手術を勧めましたが、当時はまだ手術の成功率が低く、親は「手術は大反対、療養すれば5年でも10年でも生きられる」と手術の承諾書にハンコを押しません。すると和田は、「夫なら承諾書にハンコを押せるから、結婚します」。根負けした父は「娘は捨てたから、好きなようにしろ」と言うので、書類上の結婚をし、和田が入院・手術の手筈を整えてくれました。２回の手術で肋骨を４本、左肺の上葉も切除しました。

退院後は、高校の教師になった和田が自分の家に連れ帰り、必死の看病をしてくれ、やっと医師から完治のハンコをもらった日が、二人の結婚記念日になりました。

結婚後は男女二人の子どもに恵まれ、ずっと専業主婦でした。やがて夫が胆嚢の病気にかかり10年の闘病生活を強いられましたが、「命の恩人の夫に、ここが恩返しのしどころだ」と思い、思い残すことのないように10年間しっかり看病しました。

77歳の時、夫が他界、何もせずぼんやり過ごしていたところ孫が「何もしないでいるとボケるよ、何か勉強をしたら」と宅地建物取引士（宅建）をすすめてくれました。宅建士の資格試験を受けるには、年齢も職歴も性別も、何も制限が無いので、これだと思い、専門学校へ通って猛勉強しました。

実は、7回の住宅遍歴で痛い目にあってきていました。たとえば、前の住人が結核だったのに説明がなく入居後消毒を余儀なくされた、次に移った丘の上の集合住宅では水圧が低く毎日断水、今度は建売り住宅へ移るも、汲み取りのホースが届かず、トイレが使えない、注文住宅を買ったが、設計がずさん……など、ひどい経験をしています。

宅建の勉強をするうち、あの時に、この知識があったら、あのようなひどい目に会わなかったのにと、テキストに書いてある事柄がいちいち納得でき、水が砂に浸み込むように頭に入っていきました。

自社の前で。　撮影：神尾典行©

79歳で無事、資格が取れ80歳で不動産会社を立ち上げました。誰も私のような目に会ってほしくないと、仲介手数料無料、24時間営業、年中無休で、お客様に尽くす会社を心がけてやって参りました。おかげさまで年商5億、創業8年になりまして、ありがたいことと感謝しております。

繍墨画を創意、ニューヨークで個展

昭和18年、東京新宿で生まれ、2歳の時父が亡くなり母と二人の生活が始まりました。母は堅実な教育者の家庭に育ち優しく静かな寛大で公平な人で、日本刺繍が大好き、いつも優雅に刺繍を楽しんで、私はお腹の中でその美しい絹糸の奏でる響きを聞いて育ちました。父が亡き後、母は刺繍でなんとか生計を立て私を育ててくれました。小学校5年の時母の妹が江戸末期から代々続く刺繍商の叔父と結婚、母も一緒に仕事をしていました。

12歳の時、女子美術大学付属中学校

有田美津子

Profile

1943年東京生まれ。女子美術大学付属中学校卒業後、15歳で叔父秋元柳一郎の日本刺繍の手ほどきを受ける。19歳で亡き叔父の後継ぎとなる。墨絵に日本刺繍をほどこす「繍墨画」を創始、2003年繍墨画家と認められ、特許をとる。2007年マザーテレサハウスの美術教育に協力する。2016年ニューヨークで個展、ほかにアメリカ、中国、韓国、ドバイ、チュニジア、その他国内外の展覧会に多数出品。タヒチ文部大臣賞、ミネルヴァ賞、マルセル・タイ賞アジア想像美術展大賞ほか受賞多数。

へ入学、疑いもなく高校、大学に進むのだと思っていると、叔父の後を継ぐようにと母から言われ青天の霹靂で途方もなく落胆しました。私はまだ勉強したかったのですが、状況を考えるととても断れないと判断し、英語の勉強をさせてくれることを条件に承諾しました。

当時は着物に刺繍も多く、服飾にも取り入れ始めた頃でした。仕事が山のようにあり忙しく、とても学校に通う時間はなく通信教育を受けたのですが、スクーリングに行く時間がとれません。せめて文学全集を読むことで知識を得ようと、仕事の傍らに本を置き読みながら、わからない漢字を書き出して後で調べていました。当時からアメリカへ行きたいとの希望があり、英語はなんとしても勉強したいので家庭教師をお願いしました。

19歳の時叔父が亡くなり、責任や仕事が私の肩にかかってきました。当時オーダーYシャツのネーム刺繍が流行、昼夜兼行で励まねばならず、私の人生もさらに一変しました。

34歳で結婚、息子にも恵まれ、主婦業と、子育てを大切に、幸せな時間を感じながら作品の制作をするかたわら、疎開でお世話になった伊豆高原の教室や、カルチャーセンターで教えていました。伊豆高原の教室へは10年通いました。幼い頃母と一緒に行ったあの一碧湖の澄み切った美しい景色が忘れられず、後に作品に反映させました。

名門平野家から養子にきた叔父の父秋元金太郎は動物が得意で「平野勇七より今の三代目秋元金太郎は名手」と『日本嚢物史』に書かれています。叔父柳一郎は当時大彦から最高の仕事を頼まれ、三越の逸品会で展示した着物、羽織は直ぐに「売約済」の赤札が何列にも付く、見事なものでした。仕事ぶりは無口で周りの空気はピーンと張り詰めた気迫の世界、とても気軽に声をかけられませんでした。独特のオーラを子どもながらにも感じていました。

仕事に励みながらも「私の求めるものが何か他にある」と作品制作への追求が消えません。日本画を丹阿彌岩吉先生に、刺繍工芸を叔父の甥、平野利太郎先生に師事、その後デザインを荒井健先生に師事しました。やがて絹地に墨絵を描き、そこに刺繍をほどこすことを創意、これを「繍墨画」と名づけました。「繍墨画」がワシントンの女性芸術美術館の館長の目にとまり、2006年、館長から日本初の女流繍墨画家として認められ、特許を取りました。

2008年〜2012年、5年かけて衲衣七條「一天萬華」を制作、これは真言宗智山派弥勒密寺岩槻大師が所有。2015年、現代工芸美術家協会、カルチャースクール等をすべて辞め、日本刺繍の普及活動に終止符をうち、以後は制作に専念。2016年にニューヨークで個展を開催、作品を30点、着物、袱紗、タペストリー、額、バッグや衲衣（のうえ）七條も出品。2017年は荒井健先生と師弟展を、ニューヨーク帰国展を銀座で行い、一つの区切りがつきました。

次のステップへ踏み出すにあたって、あらためて「みんなが平和で幸せな世界になってほしい」という母の思いが甦り、繍墨画を通して日本伝統文化の存続と世界の人々の心の平和を願って制作を続けていきたいと願う日々です。

繍墨画『慈愛』の一部分。

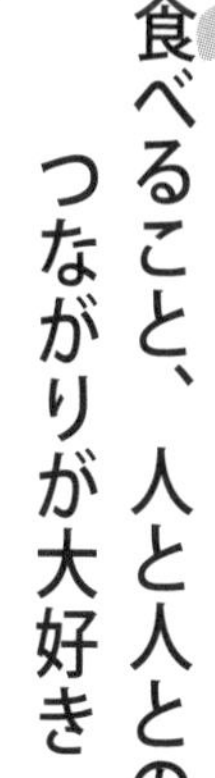

食べること、人と人とのつながりが大好き

太平洋戦争が終結し、多くの日本人が中国から引き上げてきていた昭和21年2月25日、引き上げ船に乗る直前に陣痛に見舞われ中国の港の近くで一時療養した母親から小さな女の子が生まれました。それが私でございます。

中国の地で生を受けた私は、数日後10歳上の姉におんぶされて日本にやってまいりました。周防大島と和歌山で幼少期を過ごし、地元周防大島の東和中学校を卒業した後、広島の歯医者さんに住み込みで働きに出ました。住み込みの仕事と並行して看護学校に通わ

Profile

山本　米子

島遍路参りの巡礼者向けの宿、喫茶店、民宿、老人向けのグループホームなどさまざまな事業の立ち上げと経営に携わり、現在はリピーターに親しまれる宿「瀬戸内荘やまもと」を運営している。また、老人向けの宅配弁当（商品名：毎日給食）事業も20年以上行っており、今日まで休むことなく毎日60食以上の献立・買出し・調理に精を出している。

せていただき、卒業して数年後大島に戻り地元の東部病院で看護師として働きだしました。そのころ従弟である主人と結婚しました。

あれからほぼ五十年近くになりますが、思い返すといろいろなことにチャレンジしてまいりました。

看護師の仕事の後、最初に始めたのが遍路宿でした。周防大島には四国八十八か所を模した島遍路があります。現在も多くの方が巡礼されていますが、昔は今と違い車も少なく、島の道もまだまだ整備されておらず険しい道が多かったため、周囲１００㎞ほどの島ですが、泊まる場所が必要でした。最初は今でいう民泊のような形で運営しておりましたが、宿泊者数の増加にともない民宿の許可も取得し、多くの方に宿泊いただきました。

また、地元周防大島のリゾートホテル開発（現在のサンシャインサザンセト）の際には、土地所有者との折衝、建設会社従業員の食事の提供といったことで携わらせていただきました。このような事業をきっかけに、町の社会福祉協議会からお年寄り向けの宅配弁当サービスである「毎日給食」事業の要請がありました。これも何かのご縁と始めたこの事業は現在まで20年以上、休みなく全盛期は１２５件、現在でも20件以上のお宅に向けた弁当の調理を毎日続けてまいりました。

この「毎日給食」も休みなく続けながら、スナックの経営や旅館の経営、老人向けグループホーム「みかん畑」やデイサービスセンター「はなまるデイサービス」の立ち上げと運営なども行ってまいりました（グループホーム、デイサービスセンターは現在、息子が経営を引き継いでいます）。

現在は数年前に買い取った民宿を「瀬戸内荘やまもと」とし、切り盛りしながら毎朝4時に起き、5時には厨房に立ち、盆も正月も休むことなく「毎日給食」「グループホーム」「デイサービスセンター」「宿泊のお客様」向けの料理約60食の準備、献立の計画から仕入れまで行っています。

歳もとったため、民宿「瀬戸内荘やまもと」はパンフレットなどの積極的な広告はせず、泊まりたいひとだけ泊まっていただく形での運営としておりますが、多くの方にお泊まりいただいています。

お年寄りが好きです。食べることが好きです。人と人とのつながりが大好きです。

つながりが輪となりグループでの活動に発展し、自分もその中の一人として何にでも笑顔でチャレンジすることに生きがいを感じています。

思えば最初に遍路宿を始めてからの御大師（弘法大師）様のご縁で今があるのではないかとおもっております。

グループホーム「みかん畑」。

小さな挑戦

昭和16年6月、母の実家がある下関で三姉妹の末っ子として産声を上げました。私が生まれて半年後に第二次世界大戦が始まりました。私は5歳まで、三姉妹のうち直ぐ上の姉と一緒に祖父母の家に預けられ、一番上の姉は女学生のため小倉にいる両親の元にいるという生活でした。

戦争が終わり、私は昭和23年に八幡小学校に入学。その頃町はまだ復興まではいかなかったように覚えています。小学校は戦前から繁華街にあり、幸い爆撃に遭わなかったのです。学校の周

Profile

中垣　和子

1941年山口県下関市生まれ。1948年八幡小学校へ入学。福岡県久留米市で幼稚園に勤める。上京し法律事務所へ勤める。25歳で結婚後、食料品会社の販売事業部事務係りとして十数年勤務。定年後60歳からバッグ、リースなどを作り始め、アトリエＨＡＮＡを開業。趣味は読書、物作り。

辺は子どもにとって環境は良いとはいえなかったのかもしれません。学校のそばには闇市があり、いろいろなものが売られていました。

毎日のように市場の細い路地を通り抜けるのが楽しみでした。いや、もっと興味深いことはダンスホールでした。ダンスホールの中に入るのは簡単でした。入り口の受付けカウンターは高く、体の小さな子どもたちは大人の視線には入らなかったのです。ダンスホールの薄暗い中は小さな、色のついた豆電球が数個ぶら下がり、生バンドの演奏はすべてジャズ、息を殺しながら聴いていたことは今でも懐かしい想い出の一つです。こうして一緒にジャズを聴いていた友達5人のうち2人は、のちにバンドマンになって生計をたてることになったようでした。

私の両親は共働きで、当時は友達の家とは違っていたように思います。父は機械の技術者、すべてにおいてとても研究熱心な人で、子どもを大事にする理解ある父でした。母は自分の仕事を大事にする助産婦で、11歳離れた弟は私が小学5年生の時に生まれました。母が忙しくしていたので、父と私は弟の面倒をよくみました。76歳の今でも弟のことが気になり、弟家族とはお互い助けあっています。

久留米の短期大学を出て幼稚園に勤めていました。幼稚園では小さな子ども達からいろいろなことを学びました。やがて25歳で結婚、二人の息子に恵まれました。

今の仕事を始めたのは60歳からです。ふとデパートで、イタリアから輸入されたベルベットにビーズの刺繍がほどこされたストールを見て、これなら私も作れるかもしれないと思いました。それまで洋裁に全く興味を示さなかった自分に何が起きたのでしょうか、見よう見まねでストール（肩掛け）を作り、それにビーズの刺繍をしました。せっかくだからと息子の力を借りてネットオークションへ出品、ちょうど卒業謝恩会のシーズンだったので、全国から注文が殺到、本格的に取り組むことになりました。

現在は、花のリース、結婚式のブーケ、ボードを作り、トートバッグも作っています。次はどのようなものをつくろうかと構想を練ることが楽しく、デパートやお店を回って作品を見て歩きます。また、本を見て参考にすることもあります。ヨーロッパの本は色合いが違っているので、こちらも参照しています。

自作のリースとバッグ。

今でも次のような母の言葉が強く心に残っています。「学校で学ぶだけが勉強でないよ、一生が勉強」「自分の世界を持ちなさい」——これらの言葉が私の胸に響きます。

また、若い人達を教えていますが、いつものように私が学ばせてもらっています。そして私と同年輩の方には人生の生き方を学びます。

この年齢で病気もします。ボツボツ世間でいう終活を考える時かなと、ふとため息をつくこの頃です。

私にとっての世界

高校生の頃手にした一冊の本。それは、若い女性がバックパックで、ヨーロッパを一人旅する様子を記した本だった。今から50年以上前、海外旅行なんて夢のまた夢の時代である。何と素晴らしい世界があるのだろう！　私の目は一気に世界に向かった。いつか世界をくまなく回ってやろう！　多分その思いが心の片隅に残っていたのだろう、世界旅行は実現していないが、今、世界と地域を結ぶ活動をしている。

きっかけはケニア。偶然知り合った女性が、青年海外協力隊員として赴いたケニアの村を、帰国後、継続して支

Profile

石井由利子

1948年群馬県桐生市生まれ。現在は下関に在住。「しものせき国際交流ねっと」代表として、出会いの場を作り、情報提供を行うことにより、異なる文化習慣を持つ人々が交流を通してお互いを理解し、より安心して暮らせる地域づくりに繋がることを目指して活動している。元中学校英語教員、現在は団体代表の活動の傍ら、企業で海外工場から研修に来る外国人社員に日本語を教えている。

援する活動をしていた。当時私は、中学校の英語教員。子ども達にとって、ケニアは遠い、馴染みのない国、ケニアの村の子ども達にとっての日本はなおさらのことである。そこで、彼女の団体のサポーターとして、ケニアの村の子ども達と、下関の子ども達との手紙交流を担当することとなった。彼らが成長した後、何かの折に互いの国を思いやって欲しいと願いつつ。60歳で職を去るまで、千人くらいの子ども達が手紙で交流したと思う。いつか直接自分の手で手紙を届けたいと願い続け、職を辞した年、ついに実現の運びとなった。アフリカ＝暑い、を見事に裏切られたナイロビ到着（到着時気温21度、夜は15度を下回ることも）から数日後、子ども達に会うために、車で3時間余の村に向かった。子ども達は皆、丸い目を輝かせて待っていてくれた。

ケニアの子ども達に日本の子ども達の手紙を届ける。

この活動がきっかけとなり、県の国際交流協会の講座に参加するうちに、下関の大学で学んでいる留学生のお世話をするようになったり、地域の日本語ボランティアをするようになったりと、日本在住外国人の方たちとの関わりが徐々に増えてきた。そして、ポンと背中を押されて、在住外国人と市民を繋ぐ市民団体を立ち上げ、7年目を迎えた。

山口県には県の国際交流協会が一つあるだけで、市町に国

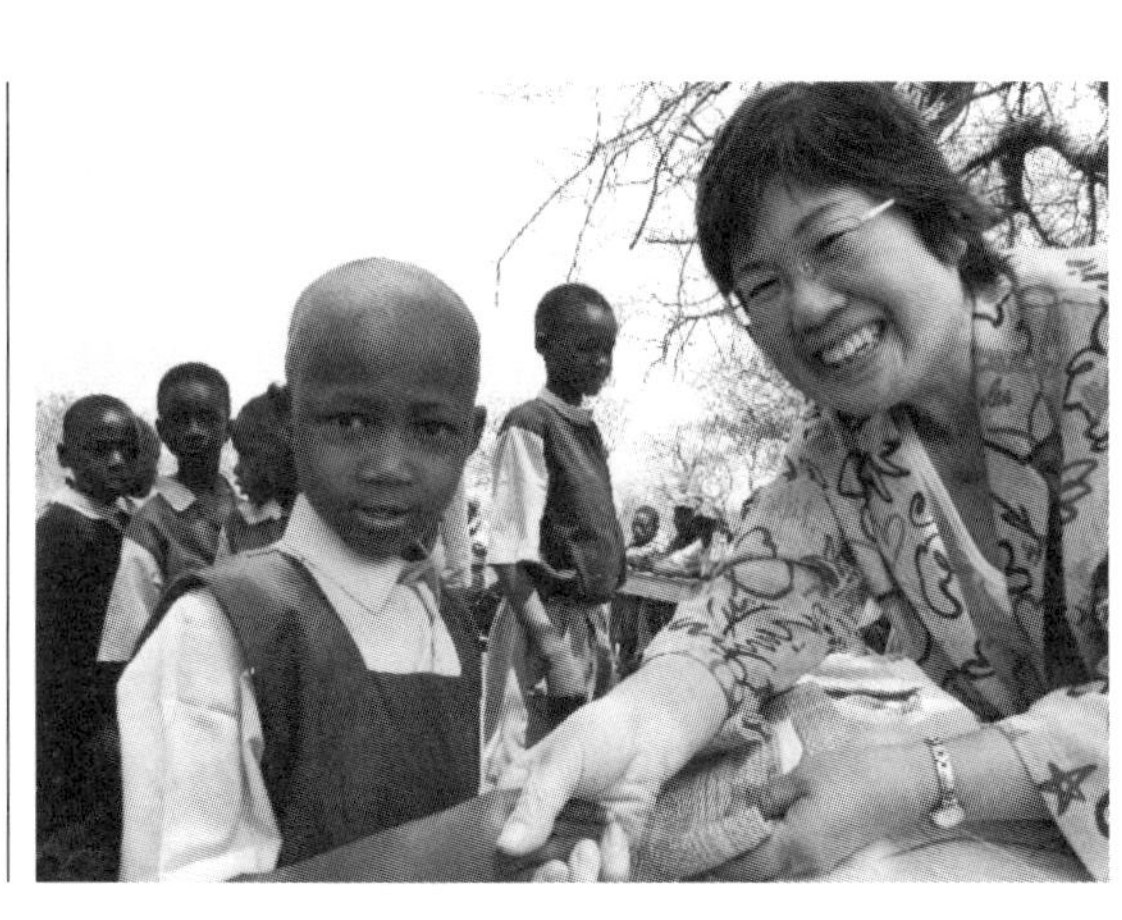

実際の交流の、
はじめの一歩。

際交流協会がない。下関市は人口において県下最大であり、在住外国人数も最多である。増えつつある外国人住民と地域住民がトラブルなく、安心して暮らせるように、少しでもお手伝いできたらという思いで活動を続けている。立ち上げ当初は十数人だった会員も60人に迫る数になってきた。料理を通じて、その国の文化習慣を伝える異文化理解講座は、毎回キャンセル待ちが出る人気講座になった。

そんな中、70歳を迎えるに当たり、諦めかけていた夢が頭を持ち上げてきた。ずっと思い続けてきた、北京からシベリア鉄道を経由してヨーロッパに抜ける鉄道旅である。若ければ、2か月くらいかけて一気にヨーロッパ一周と行きたいところだが、先ずは無理せず、3週間でロシアから北欧に抜けるところまで行ってみようと思う。こんなご馳走が目の前にぶら下がっていれば、日頃のボランティア活動にも弾みがつくというものである。

「We Love 地球号さくら会」で日本文化を伝える

昭和21年11月3日、文化の日に生まれました。生家は父で3代目の酒問屋で宮内庁のご用達も務め、店舗も一時は5店ありました。父は節目の祝いを執り行い、1日、15日の先祖代々の墓参りを欠かさず、使用人への心遣いをおろそかにしない人でした。「大きな夢を持ち、願えば叶う、成せばなる」「恥をかかない、借りを作らない」と教えられました。戦後、家業をやめ杉並区へ、私はそこで娘時代を過ごしました。

母方は代々、長野の諏訪大社の総代で大和流口伝・伝承をして、受け継い

Profile

須永有輝子

1946年東京生まれ。大和流家元。実家は日本橋の老舗の酒問屋。母親が大和流の家元。18歳で家元代理、24歳で光胡パーソナルアカデミーを設立、世界の方々が分かりやすく学べる指導方法を考案。結婚後、各国大使夫人への指導から始まり海外数多くの国で大和流を披露。大和塾学長、大和会会長、We Love 地球号会長、サクラジェンヌ会長、国際珠算基金理事などを兼任。

でいる家系です。母が大和流の家元でしたので、私は6歳から花道（草月流）、茶道（裏千家）など各流派および日本舞踊（西崎みどり）を学び、師範教授を取得し、生花は「光胡」、お茶は「宗静」の名前をいただきました。18歳で大和流の家元代理になり、24歳で光胡パーソナルアカデミーを設立、分かりやすく学べる指導方法、カリキュラムを考案しました。

大和流とは、天と地と自然からのエネルギーを取り入れ、日本文化の象徴富士山と桜と松を尊び、「和」を大切にし、自分を高め、磨く深い精神性と人間性の教えにもとづいて、人の幸せを願い、日常の基本的なこと、当たり前のことを、そして人としての在り方をお伝えしています。お茶を点て、美しい花を生け、おもてなしの心を大切に、「気くばり」「目くばり」「心くばり」が、なるべく短期日のうちに身につくように心がけています。

私が「We Love 地球号さくら会」を発足し、海外との異文化交流をすることを思い立ったのは、娘が生まれた時でした。「世界には戦争をしている国もあり子どもを産めない環境もある。私にいただいたこの幸せを全世界に広めたい、私にできることは何か」と考えました。世界が平和であるためには各国・各民族がそれぞれの文化を理解することが大切、日本を知ってもらうために私が身につけた日本の文化、大和流の精神を伝えることから始めようと思いました。

世田谷にあるここ大和庵のまわりには外国の方々が大勢住んでいましたので、大使夫人を始め皆さんにお伝えすることにしました。なかには、イラン・イラク戦争中のイランの大使夫人もいました。また、ユーゴスラビア連邦解体により大使・大使夫人はスイスへ、お子さんたちは日本に残るということもありました。タンザニア大使夫人も来られました。ケニアは大使が女性のこともありました。

20代、30代は全力投球で世界を駆けめぐりました。オーストラリアの文化協会を松山会長と共に立ちあげ、ミャンマーの水掛け祭り、ブリティッシュクラブの日本祭りなどに招待され、茶道と生花だけでなく着物の着付けも指導しました。その他、台湾、香港、上海、韓国、マニラ、ドバイ、イタリア、フランス、アメリカ、スペインへ行き、ウクライナの財団から国賓として招待され、国立美術館に茶室を作っていただき、花で館内を飾りお点前を伝承しました。

海外に行って花を生ける、あるいはお点前をする時、それぞれの国にあるものを使い、その国のイメージを表現、たとえばオーストラリアではたくさんのカスミ草を大きく生けて海を表し、緑の葉でサーファーを作り、飾りました。お点前は、その場にある器を使います。

静謐な大和流茶室の様子。

忘れられない出来事も多々ありました。特にスペインのバレンシアに移り住もうと、先遣隊として5歳の娘と二人で旅だった時です。着いた日の泊まる家がない、言葉はできない、案内人のパセラさんはすぐ帰ってしまう……そこからが娘と私の冒険の始まりでした。

世界中の優しい人達にご縁をいただき今があります。これからも地球の幸せを願い、全力で日本文化を発信して参ります。

75年前の女子大生の願い

父の仕事の関係で、私は大正13年に大連で生まれ、奉天へ。15歳まで奉天で育ちました。外地ではなかなか日本文化に触れることができません。そこで両親は日本文化に直に触れることができる機会をのがさず、私を歌舞伎や能に連れていってくれました。当時私は小学生で、わけがわかりませんでしたが、両親は一生懸命でした。

女学校を卒業し進学を希望する女子は女子大へ進むのですが、その頃女子大は3年制の専門学校でした。私達外地の卒業生も同様でした。というのも、東京大学など大学の予科では女子学生

Profile

平林　英美

1924年中国大連で生まれる。16歳で明治大学女子部へ入学、昭和21年明治大学卒業。通訳試験に合格し、進駐軍で勤務。再度明治大学工学部へ入学、日本建築を学ぶ。陶芸を加藤唐九郎師・佐藤和彦師に師事。日本建築セミナー元監査役、裏千家準教授、大田区華道茶道文化協会理事。現在大田区で、裏千家茶道教室、陶芸工房英・HANAを開設。

を受け入れていなかったのです。時の法務大臣が「人口の半分は女だから、女子学生にも法律を教えたらどうか」とおっしゃいましたが、どこの大学も応じません。そんな時、明治大学が「女子部を作り、明治大学の女子部に入り3年勉強すると法学部へ進むことができる」という制度を設け、これが新聞記事になりました。

母が、この記事に目を止め、もしかしたら、あなたが卒業する頃に女性でも弁護士なり裁判官にもなれるかもしれないと、私に勧めたのです。私は女子医専へ入り医者になろうと思っていましたが、母の話に興味がわき明治大学女子部へ入りました。同級生には、すでに社会人の方もいて年齢も上の人達で、女学校から直接入った私達は子ども扱いされました、

学生生活では物凄く勉強しました。1年生の時、「強盗殺人」という議題の討論会があり、まだ刑法の総論もマスターしていないのにと不安でしたが、図書館で該当する判例を多く読み、それらを組み立てて出席しました。それが1等賞をいただき副賞は1円札3枚でした。

また、これからは英語も身に付けなければならないと、ＥＳＳで勉強、さらに柔道場では謡と仕舞の活動をしていたので、こちらも習い始め、現在まで続いています。

戦況がどんどん激しくなり健康な男子学生はどんどん戦場へと旅立っていきました。

やがて終戦、私は昭和21年に大学を卒業しました。卒業すると、就職活動です。和紙に筆で履歴書を何枚書いたかわかりません。会社を次々と受けましたが、どこも採用してくれません。最後に残った会社の面接で「女子は採用しない、女子の仕事はお茶酌みだから大学出の女性は

いらない、またそんな給料を払えない」と言われ、「ああ、そういうことだったのか」と事情が判明しました。途方に暮れていた時ある方が「英語を勉強したんだから通訳の試験を受けたら」と言われ、藁をもつかむ思いで受けたところ合格し、進駐軍で働き始めました。

両親の敷いたレールに乗って茶道、華道、仕舞などの日本文化をしっかり身につけていたので、外国人と交流する際には大いに役立ちました。中でも、あるアメリカ人とは家族ぐるみで二十数年の付き合いをすることができました。

自ら設計した茶室と器の数々。

縁あって平林と結婚、法律家一家で夫は弁護士、「ちょうどよかった、司法試験の勉強ができる」と思ったのですが、夫に止められがっくりしていたところ、堀口捨己先生にめぐり合い、先生のアドヴァイスで工学部の試験を受けて合格、日本建築の勉強を始めました。我が家の茶室は私の設計です。茶道には器が大事なので加藤唐九郎師に師事し、作陶も始めました。

昨今、国際人になるための教育が進められています。そのためには英語だけでなく、日本の伝統文化を少しでも身に付け、世界に発信できる人になってください。これが75年前の女子大生の願いです。

多くの人に楽しい音楽を届けたい

私は昭和21年佐賀県唐津市で6人兄弟の末っ子に生まれました。父は会社員で母の実家は神社でした。小学3年生の時、オルガンを買ってもらいましたが「猫ふんじゃった」ばかり弾いていたので、母は私をピアノ教室へ連れて行き、正式に先生に付きました。高校を終えて東京音楽大学へ入学し、卒業後カワイやナショナルのデモンストレーターをしておりましたが、その後自身の音楽教室を立ち上げピアノ教師になりました。それまでの経緯で経験したりご縁の有った多くの方々とのお

Profile

宮本ルミ子

1946年佐賀県生まれ。東京音楽大学卒業後、大手楽器メーカーの指導講師を経て、音楽教室のピアノ教師となる。ミュージックジョイミヤモト代表、猫ふんじゃった資料室代表。ソーラーエネルギージャパン代表。無料コンサート他さまざまなコンサートを企画・主催。CD「猫ふんじゃったの謎」の編集、上市など「ねこふんじゃった」の研究者。電子楽器の老人ホームへの寄付や、慰問コンサート等の社会活動もライフワークとしている。

付き合いが、その後の私の活動の糧となっていきました。

学生時代に生徒の母親が内職をして毎月５００円積み立てオルガンを買う姿を目にして、生徒のレッスン費用や発表会はなるべくお金がかからないように、いろいろ工夫をし、家に楽器が無い方には、学校に行く前や夜塾の帰り等、早朝から夜11時過ぎまでピアノを無料で貸していました。また、幼稚園児や小学生が学校の音楽の授業でピアニカやリコーダーなどが弾けなくて合奏についていけないからと登校拒否になる子ども達のために、少しでも生の音楽に親しんでもらいたいと、会場費を負担し、趣旨に賛同していただいた演奏家の協力を仰ぐなどして、親子のための無料コンサートを開きました。これらを続けてゆくうちに、活動が口コミで知られるようになり、名だたる演奏家も手弁当で無料コンサートに出演して下さり、会場もオリンピックセンターホールや東京文化会館などの本格的な多くの会場で催し、30年以上続けてきました。

その後、単なる内向きの演奏会ではなく社会に役立つようにと、会場に募金箱を置き、友情出演してくれた演奏者の、災害被災地への寄付活動も加味した演奏会などにも発展させていきました。

またこれらの活動に並行して、以前から興味を持っていた「猫ふんじゃった」の研究に嵌まっていきました。この曲は、ドイツは「ノミのワルツ」、ロシアは「犬のワルツ」、スペインは「チョコレート」、フランス「カツレツ」など、いろいろな名称で親しまれていながら誰が作ったかはっきりしない謎多きロマンあふれる曲です。その作曲者のルーツ探しや世界中の関連楽譜収集活動のまとめに「猫ふんじゃった資料室」を立ち上げたり、「猫ふんじゃったフェスティヴァル」を開催し、トップクラスの演奏家に編曲・演奏していただき好評を博しています。

また音楽活動とは別に趣味的に、新宿区環境学習センター等で「ソーラークッカー（SC）」の普及活動もしています。「ソーラークッカー（SC）」とは反射鏡で太陽光を集め、この熱で料理を作る装置ですが、たんに趣味的な遊び道具に止まらず、東京農大の環境調査隊に装置を寄付したところ、それをエベレスト登山へ持参し料理や雪を溶かして湯を沸かすなど、石油の燃料節約に大変有用でしたと感謝されました。

これらは私の本職の音楽活動からは離れますが、音楽以外にも、何か社会の役に立つ恩返しの気持ちで行っています。

というのも、両親の口癖が、「人のお世話にならぬよう、人のお世話をするよう、そして報いを求めぬよう」でしたが、私は沢山の方にお世話になってきましたので、頑張っている方達のサポートをしていくのが生きがいになっています。

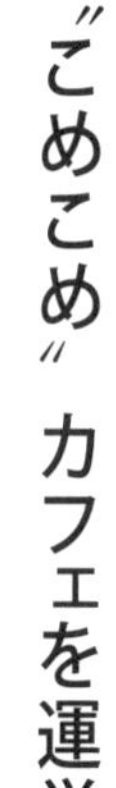

〝こめこめ〟カフェを運営

昭和4年、山形県西村山郡西川町で女ばかり7人きょうだいの末っ子として生まれました。実家は月山の登山道入り口に近く、農業を営んでいました。山形でしたので、空襲を経験していません。

終戦の年、17歳の時に、東京にいる姉を手伝うために上京、昭和25年にお見合い結婚をしました。夫・一男は前年、戦争から帰還したばかりでした。夫は素敵な人で、男の子、女の子、二人の子どもに恵まれました。

夫の父親は「米村スポーツ用品製作

Profile

米村よね子

1929年山形県西村山郡西川町に生まれる。実家は農業で女ばかり7人姉妹の末っ子。17歳で上京、姉の手伝いをし、昭和25年結婚、一男一女に恵まれる。夫の先代から続く米村スポーツ用品製作所の経理・総務を手伝う。やがてペンション2棟を建て、ペンションを12年間経営、8人の里子を育てる。60歳で水泳を習い4種目をマスター。現在は自宅で“こめこめカフェ”を運営、多くの人達に慕われている。

所」を経営していましたので、夫も一緒に、学校向けスポーツ用具の製造業を営んでいました。同業者が少なく、仕事は大変忙しかったので、私も浅草の浅草寺近くにある工場へ毎日通って、経理事務や総務の仕事を手伝いました。自宅で姑が子どもを見てくれていたので、助かりました。

ペンション経営に乗り出す

私は事業をすることが大好きで、何かしたいとうずうずしていました。ちょうど山形でペンション経営の募集があり応募したところ、見事当選。たまたま実家の近くに土地を買ってあったので、3億円の借金をし、3階建ての建物を2棟建て、昭和48年にペンション経営を始めました。当時はまだ日本でのペンションのハシリでした。

夫と子どもたちを東京に残し、ペンションに泊まりこみで働きました。また、ペンションで里子8人を預かって育てたこともありました。経営は順調で、おかげさまで10年ばかりで3億の借金を返済し、スタートから12年後にペンション経営から身を引きました。

夫はカメラが趣味、特に山の写真をよく撮っていました。ペンションから月山の登山口が近いので、私が道案内で月山に登っていました。夫が山でじっくり時間をかけて写真を撮り終わるのを待っているのも大変だったことが思い出されます。

有名な写真家もペンションに宿泊していたのを幸い、夫は彼らに撮影のコツを教わり、いろいろな展覧会へ作品を出品していました。

10年前に夫が他界、8年前に跡取り息子が死亡したため、会社をたたむことになりました。

その後も何かをしていないといけない性格で、80歳で「また、事業をしたい」と言ったとき、娘たちに止められました。そこで、シニアが集まり着物ショーを企画・公演したこともありました。和服を洋服に変えたり、小物を作ったりしました。

現在は、デイホームへ行くことができない人たちのために、自宅で指圧教室、お茶の教室、あるいは詩吟やフラダンスの講習会を開いています。それぞれ教えることができる人達が集まってきて、講師には事欠きません。

さらに、毎週水曜日に〝こめこめカフェ〟を開いています。ここにもさまざまな人々が寄りつどい、食べて、飲んで、歌って、踊って、和気藹藹と楽しんでいます。料理作りは娘と娘を助けてくれる人達が実際に作ってくれますが、味付けをはじめ総指揮をとるのは私です。私は娘時代から料理が好きだったので、ことに味付けには口うるさく指導しています。

私は今までも、現在も好きなことをして好きなように生きていますので、この歳まで病気一つせず、元気です。ちょっと風邪をひくくらいはありますが、病院に入院の経験もありません。

このような人生の恵みに感謝しています。

もう一つ嬉しいことに、最近は朝たびたび夫の幻が現れてくれ、話しかけています。

笑いは腹から笑顔は心から

私は昭和22年徳島の阿南市で生まれ、父の転勤にともない昭和37年に一家で世界の港横浜へ転居しました。珠算・簿記1級の資格があったので、日動火災(現 東京海上日動火災保険㈱)へ就職した時、最も契約者数の多い、多忙な川崎支社に配属されました。そこには営業成績がトップの女性大先輩がいて、仕事のことから礼儀作法まで人生万般教えていただき、大きな影響を受けました。

3年後、横浜支店へ転勤、統計、会計部門で8年間勤めながら退社後の時間は、文化服装学院で洋裁、料理、和

Profile

鈴木 敏子

1947年徳島県生まれ。横浜で育つ。高校卒業後、日動火災(現 東京海上日動火災保険㈱)入社。退職後、損害保険の代理店を設立、半世紀にわたり保険業に従事。船橋税務署長賞。商工会議所・青色申告会・納税貯蓄連合会理事。介護キャラバンメイト・ヘルパーも経験。ラフターヨガティーチャーの資格取得、インドにて「笑いの大使」「笑顔の女王」に任命される。笑いヨガで大学・各地公民館・社会福祉協議会等で講演、ボランティア活動をしている。

裁を習い、フラワーアレンジメント等々の資格を取り、実り多い青春時代を過ごしました。

思い出に残ったことは昭和46年にアメリカのフローラルデザイナー第一人者ビル・ヒクソン氏が来日、霊南坂教会でブライダルコース－デザイナーコースを受講したことです。ビル・ヒクソン氏はヨーロッパのフラワーアレンジメントと日本の生け花を現代の感覚の中で巧みに融合させ、今日の生活にマッチした独自のスタイルを考え出された方です。

私はアメリカンフラワー講師として、ペンチと針金、デイプ液を持ち、豊橋から北海道まで、講演会をしながら旅行気分も味わい、また雑誌『マダム』からの依頼で洋服を作成したこともありました。日本手工芸協会の方々と一緒にヨーロッパ10か国を回り、特にエリザベス女王戴冠25周年記念式に参加、アメリカンフラワーでチャリティーデモンストレーションをしたことは青春の最高の思い出です。

33歳で結婚、海の見える船橋で暮らしています。結婚式の引き出物は光ファイバーとアメリカンフラワーを融合した置物を家族で作成、今も各家庭で輝いています。

結婚後父が前立腺肥大となり父と母を介護するため船橋と横浜の往復でした。昭和天皇がご病気と同時期、父も脳梗塞で倒れ4か月家庭介護のすえ大喪の礼の朝たびだちました。父の介護体験を生かそうと平成9年ヘルパー2級の資格を取り、親子二人暮らしの方や、断絶家庭の親子の仲直り等、感謝されたことも数回ありました。母が90歳の時肋骨骨折で船橋に来てから、93歳で大腿部骨折、96歳まで介護をし、介護の途中で追い詰められ、夜中、自傷に至り、血を見て我に帰ったこともありました。〝宝物の母〟に可愛い子供用のパジャマ・かわいい洋服を着せたことが、介護を楽に乗り切れた成果です。今家庭で看取りが推奨されていますが、私は本当に幸せ者です。父の時も、母の時もお互いに手を握り「ありがとう・ありがとう・あり〜〜〜」の感謝感謝でした。母の一周忌に乳がんで左の乳房温存手術、翌年急性肝障害・膝靭帯損傷・胆石切除・脳梗塞で5年間入院を繰り返しました。病気と闘いながら平成22年、笑いヨガに出会い、病気の原因はストレスからだと学びました。

笑いヨガとは、平成7年インド人医師マダン・カタリア博士が始めた、笑いの体操と、ヨガの呼吸法を組み合わせた健康法です。笑いは自律神経のバランスを整え免疫力を高め脳と身体全体への酸素供給を増加させ、仕事の効率、創造性を高め、認知症にも効果抜群です。

マレーシアラフターヨガカンファレンスでのラフタークイーン受賞、ドイツラフターヨガ世界大会に夫と共に参加し世界中のラフター仲間との「相撲笑い」は感動でした。カタリア先生が提唱している「JOY!!　喜びをみんなで分かち合う」「笑いを通じて健康と喜びを広め世界平和を実現すること」を確信できました。ラフターヨガを通じ「笑顔」が世界共通語であることも実感です。

ドイツでの世界大会で「相撲笑い」ヨガを披露。

日本文化を残す

昭和4年旧朝鮮京城府に生まれました。父は朝鮮鉄道局の資材局長をしていたので、よくイギリスへ車輌などの買い付けに行っていました。幼い頃は佐賀の親の実家に預けられ、少し大きくなって京城の両親の元に戻ったので、きょうだいと馴染めず、一人で絵を描いたり本を読んでいました。小学4年生の時、全国児童絵画コンクールで受賞、絵描きになりたいとの願望が心の奥に芽生えました。

女学校4年の時、戦況が悪化してきたので子ども達だけが佐賀へ帰ったのです。そこで私もお国のために働きた

Profile

山田みよ子

1929年旧朝鮮生まれ。文化学院美術科へ入学、結婚で退学。日本デザイン専門学校商業デザイン科卒業、商業デザイナーを経て、日本画、水墨画を始める。日仏現代美術展に出品、入選をきっかけにさまざまな国際美術展に出品、数多の受賞歴がある。日本病跡学会、日本美術家連盟、ベルギー国際芸術アカデミー各会員、国際美術審議会委員、仏サロン・ド・ベール無鑑査会員、仏サロン・ド・プランタン無鑑査会員。画号は山田三耀。作品が英国大英博物館に収蔵されている。

いと思い、日本赤十字専門学校の看護婦の試験を受けたところいい成績で受かり、山口県の赤十字病院へ配属されました。そこで、寮生活をしながら看護師としての訓練と教育の明け暮れ、しかし戦争末期で与えられる食事は少なく、フラフラしながら担架を担いでいました。空からは日に何度も爆弾が落ちて、いつ死んでも仕方ないと覚悟していました。

半年後、戦争が終わり、骨と皮だけの体で佐賀に戻ると家族はびっくり、あと半年戦争が長引いていたら、私は確実に死んでいたことでしょう。それからは何をする気力も起こらずボーッとしていたのですが、在外同胞引揚援護協会で引き揚げ者のお世話をすることになりました。ここでも痛ましい事態や人達を目にするばかりでした。ある日GHQに呼び出され、驚きと不審を抱いて出頭すると、あなたはこれから何をしたいかと聞かれ、私は画家になりたいと答えると、そのまま帰してくれました。今思うと、アメリカは朝鮮戦争に備え看護師としての私を求めていたのではないかと推測しています。レッド・クロス・ナースは前線で敵・味方の区別なく看護しなければならないと国際法で決められているからです。

絵の道に進むことを決意し上京、文化学院美術科に入学、ある会合で知り合った男性と結婚、学校は中退。しかし夫が家計にお金を入れないので商業デザインで生計を立てようと考え、日本デザイン専門学校へ、商業デザイン科を卒業し商業デザインの仕事を始めました。悩んだ末に33歳で離婚、女手一つで娘を育て、娘が大学生になってから独学で日本画を描き始めました。

そのうち水墨画の神秘、幽玄、閑雅の世界に魅せられ、水墨画に現代の感覚を込めようと、東洋思想を学び参禅、茶道、書道をふまえて墨絵に日本画、工芸の伝統的技法を取り入れました。岩上青稜氏、丸木位里氏に師事、日本水墨画協会展に「野火」を出品、初入選。美術評論家植村鷹千代氏の勧めで日仏現代美術展に出品、入選したことが私の人生のターニングポイントになりました。

日本の画壇に失望し、以後主にヨーロッパに活路を求め、各国の美術展、例えば、ディジョン、カンヌ（仏）、ソヴィエト、ハノーバー（西独）、ベルギー、イギリス、イタリア、スペインなどの国際美術展で数多くの賞をいただきました。掲載した写真「京洛の秋」はニューヨーク国際選抜展で大賞をいただいた作品です。平成7年、仏サロン・デ・ベールの外国人初の無鑑査会員となりました。

「京洛の秋」

現代は漫画、アニメの時代となり芸術性の高い絵画は関心がなくなりました。しかし日本人の高い美意識で磨かれた伝統芸術は、後世の後輩達によって繋がれていくと信じていますので、私の最後の願いは、少しでも日本文化を後世に残すことです。

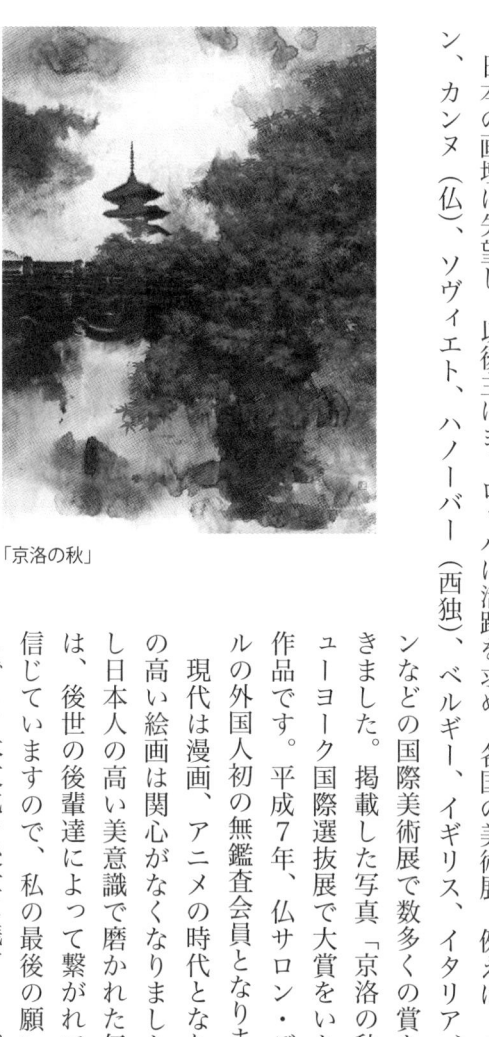

街を元気に歩きたい〜好奇心を磨きながら

40歳代から80歳代の主に女性が参加されている会員制街歩きグループ「グループタウンウォッチング」を主宰しています。「街を面としてまるごと観る」という街歩きに対する独自の視点から、街の名所旧跡・文化施設も含め、個人では見学しにくい所や、グループでないと行けない所、街で評判のスイーツの店まで一つの街を効率よく歩く、月1回、年10回のツアーが好評です。

平成4年9月第1回目の街歩きを開始。以来、無尽蔵ともいえる東京の街並みの広さ、深さを中心に首都圏の街

Profile

前田波留代

1948年岐阜県生まれ。日本女子大学、南山大学卒業。同大学院中退。1992年会員制街歩きの会「グループタウンウォッチング」設立、代表をつとめる。講演活動、新聞・雑誌の連載などで〝実学としてのタウンウォッチング〟の普及につとめる。『こんなにあった！タダで楽しむ東京ライフ』（産経新聞出版）など街歩き関連著書多数。グループタウンウォッチング代表。

をウォッチングして、すでに260タウン以上を訪問。ツアーは通算4400回以上になりました。

満25周年を迎え、その間に街歩き本13冊の刊行、新聞長期連載10紙、雑誌連載11誌などで街歩きの勧めをしてきました。20年以上在籍している方が約50名、80歳以上の方が10名、最高年齢88歳。名古屋市、天童市、静岡市などの遠隔地からの参加者も含め、のべ約1万2000人以上の方が街歩きに参加されたのが私の喜びです。

以前は旅行社で見向きもされなかった街歩きのジャンルが注目され、街歩き本が店頭を飾るようになっているこの頃を見て感慨深いものがあります。

私が、街歩きに関心をもったのは、地方出身の私にとって東京はどこも好奇心をくすぐる街だったからです。

私の提案する街歩きは「タウンウォーキング」ではなく、「タウンウォッチング」です。それは街を教科書として考え、街を自分の足でとらえ、本物を観る知的で実践的な学び方です。

街を丸ごと観るとは、街の個性を見つけること。その過程が楽しみをもたらして、街と人を活性化していきます。

街歩きの効果はおもに三つ

一つは健康面（歩く効果）。1日およそ1万歩のウォーキングによる身体面の健康に加え、異空間での発見と驚きが五感を活性化して歩行障害、認知症の発生リスクを少なくすることも立証されています。自分の感性に合った街の訪問は癒しになり、街は人を癒すことができることも、お金のない若者に最近大いにアピールしています。

二つ目は生活面。大人のための実学、生涯学習、自分みがきの場です。暮らしのヒントを見つけたり、話題を豊かにする手軽な小さな旅です。

三番目には社会面。内需拡大へ貢献。国民経済の面から大きな波及効果があります。

以上のことからか、会員の大多数は在籍10年以上で、皆さんは月1回のタウンウォッチングが生活の一部になっていらっしゃるようです。

東京を知らない私が、自分自身のために始めた「タウンウォッチング」が多くの人の生活を潤し、ライフスタイルになった、この意味と意義を広めるために、古稀を迎えてもさらに好奇心を磨いていこうと思っています。

歩き始める前の説明会で。

母の教えを胸に

私が住んでいる周防大島は、瀬戸内海で三番目に大きい島です。北は中国山地、南は四国山地に挟まれて季節風が遮られるので、一年を通じて温暖な気候です。また、多くの移民を送り出した歴史的な背景から、「瀬戸内のハワイ」といわれ、この風土からでしょうか、住民の人柄、人間関係が非常に良いのが特徴です。

かねてから、多くの女性の方に勧めてきたことがあります。それはエンディングノートです。多くの田舎と同じく、子たちの多くは小・中・高校卒業を境に周防大島を離れて、進学、就職、

Profile

中元みどり

1940年周防大島町生まれ。電信電話公社で電話運用業務を経験後、寿退社。主婦業に専念していたが、1979年に地元の婦人会会長に就任、また周防大島町食生活改善推進協議会会長も務める。持ち前の人の良さとバイタリティで活動を推進。現在は山口県連合婦人会副会長、山口県食生活改善推進協議会理事を務め、地元周防大島町のさまざまな委員会でも重役を担っている。

結婚、子育てをしています。エンディングノートとは、郷土がだんだん遠のいてしまう子たちへ向けて周防大島に残された親の観点から、島での生活の様子を綴ったり、自分の亡き後のことを考え、残された家族への思いを書き留めたりしておくことをいいます。私自身のエンディングノートは15年ほど前にスタートし、家族構成、血縁関係、収入、支出、健康、出来事、祝い事、仏事など、さまざまなことを気の向くままに綴ってきました。また、残された家族が困らないように、「延命治療は不要」「葬儀は家族葬で十分」「御香典はいただかない」「葬儀の御布施の額」「お墓について」など最期の希望についても書き留めてあります。

冒頭から終活のお話になってしまいましたが、心配はご無用、私はまだまだ現役です。近年は、長年携わっている婦人会、食生活改善推進協議会の活動に、ますます精を出しております。

振り返れば、社会教育の任意団体である地元の婦人会会長を引き受けて34年、山口県大島郡の連合婦人会会長を引き受けて8年、平成29年4月からは山口県連合婦人会副会長まで務めさせていただいております。これもひとえに会員の皆様のご協力のおかげでございます。

近年、人と人、人と地域の結びつきが希薄となり、地域活動を取り巻く環境は厳しくなっています。私たち婦人会も例外ではございませんが、そのような状況下だからこそ、しっかり学び、実践し、女性目線での社会への啓発と発信を行い、女性団体の代表としての底力を見せようと活動しております。例えば、「交通安全は家庭から」をスローガンとした交通安全母の会の活動では、「行ってきます」「行ってらっしゃい」といった日頃の挨拶とともに、笑顔で家族を送り出し、家族への温かい心配りを伝えることで、交通事故や犯罪の防止を啓発する活動を行っています。

食生活改善推進協議会では「食は命なり」をモットーに児童、生徒、学生、高齢者の食事の改善に力を入れています。例えば、地元の小・中学校を中心に、食育教室を実施し、身体を丈夫にするための栄養バランス、食べることの大切さ、調理の楽しさを伝えています。鯵の三枚おろしなどの体験も交えて、楽しく子どもと関わりながら食生活の改善を図ります。

一汁三菜を薄味に仕上げ、減塩で高血圧、生活習慣病予防に気を遣った食事はとても大切です。私の母は、平成23年に99歳で亡くなりましたが、「この地でとれたもの、三里四方でとれたものを食べておれば間違いない」が口癖でした。まだまだ母の足下にも及びませんが「洗い物を流し台にためず、こまめに体を動かして、調理台はいつもきれいにする。そうすれば、自然と食事の支度をするのが好きになる」という母の教えは大切に守っており、今もキッチンに立つのが大好きです。

食育教室で。

こんな生活を繰り返して、あとどれくらい生きられましょうか。のんびりもしておれません。今年の目標は「健康」「男女共同参画」「地方創生」「介護と福祉」「終活」など、取り組みたいことが次々と浮かんできます。まだまだ私たちが生き生き輝いて学び、そして近い将来、若い世代に受け継いでいただきたいと思っています。

保健師として地域に尽くす

埼玉県比企郡川島町で昭和16年に生まれました。きょうだいは上が男3人、下は女3人の長女です。父は教員でした。戦前は地主で戦後の農地改革時は、女学校を出た母が必死に農作業をして農地を守ったそうです。

川越の高校をおえて東大医学部看護学科へ入学、修了し、さらに保健婦（師）の資格も取りました。当時は60年安保闘争が激しい時代で、そこで社会、経済、政治について学んだことが後の私の人生の道しるべになりました。

全国印刷健康保健組合で保健師とし

Profile

小山　廣子

1941年埼玉県生まれ。精神保健福祉士、保健師。東京大学医学部看護学科へ入学、修了後保健師の資格も取得。結婚後、大田区保健所へ移り公務員資格を取得。糀谷保健所で精神障害者家族会の担当になる。退院した精神障害者の居場所「デイケア、グループホーム、支援センター」づくりに関わる。社会福祉法人プシケおおた理事。

て働き始めました。やがて結婚、夫の家がある東神奈川へ移り住みました。職場がある神田まで通えないので産休あけて退職、その後、自宅から比較的近い大田区の保健所へ勤めることにし、公務員試験を受け大田区内の保健所行政職員として働くことになりました。

行政職員として住民のために働くべきだ、保健師の私にできることはないかと考えていたところ、私の当時の勤務先蒲田保健所で精神科医の小田原耕三先生と出会いました。その後私は糀谷保健所へ移り、精神障害者家族会の担当になりました。家族の皆さんの「退院したけど行くところがない、仕事が長続きしない、友達がいない、一人でポツンとテレビ見て過ごしている」という悩みを聞いて、なんとかしなければと、保健師達で何度も話し合った結果、糀谷保健所でデイケアを始めることになりました。先ず所内で、小田原先生に精神の病気についてやデイケアの必要性などを話していただき、勉強会や事例検討を重ね、保健師、ケースワーカー、医師、その他みんながタッグを組んで患者本人の社会復帰支援に漕ぎつけることができました。

昭和57年に大田区内に最初の精神障害者のための「糀谷作業所」が民間アパートの一室から始まったのです。この作業所を支援するためにボランティア団体「あけぼの会」が発足、50万円の寄付金と家族から集めた維持費で運営しました。ついで大田区でもグループホームを作ることを区議会へ陳情し、都の方針も追い風となり、幅広いカンパ活動を行った結果、グループホーム「さくら草」が設立されました。

これらの活動に多くの方々の支援があって17年間継続しました。私は、60歳で役所を定年退職し、第二の人生というか活動を開始しました。

精神障害者もようやく障害者として位置付けられ、福祉施策の対象になり、予算が付くようになりました。

平成13年、仲間と共に1300万円の資金を集め「社会福祉法人プシケおおた」を立ち上げました。職員として、理事の一員として16年がたち、現在生活支援センター、相談支援事業所、就労の場、グループホーム等の運営を行っています。職員皆で検討して法人理念「一人ひとりの〝ちから〟を信じ、当事者の思いを実現する」としました。

一方、居住地の付き合いも大事にしなくてはと、自宅の一室で「サロンにくじゃが」を地元仲間と運営したり、町会活動にも積極的に参加するようにしています。そして、今は囲碁も習い出しました。

地元町会のお祭りで、町会の仲間と焼き鳥屋さんに。（右から二人目）

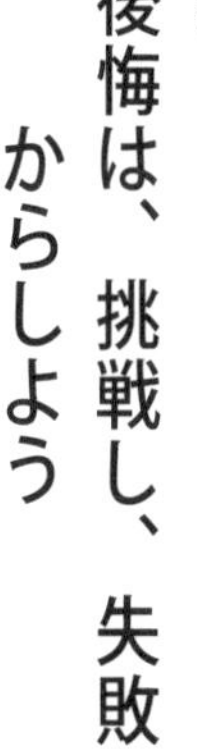

後悔は、挑戦し、失敗してからしよう

40歳になったとき、人生の折り返し点に着いたと強く意識したことを覚えています。「人生80年時代」といわれ始めていました。それまでの人生を振り返ったとき、反省多々だったのですが、そのもとになったのは、自分の消極性だったと気づきました。後半の人生は、失敗を恐れてなにもしないで後悔するよりも、勇気を出して挑戦し、失敗したら、その時、後悔すればいいのだと決めたのでした。

40代は老境への第一歩とも思っておりましたが、瀬戸内寂聴の対談集で、

Profile

宮崎　黎子

1941年東京生まれ。都立白鴎高校卒業後、日本興業銀行に入行。1年後早稲田大学第二文学部に入学、卒業。夫の転勤で青森県十和田市で5年半、今は第2の故郷。帰京後、足立の女性グループ立ち上げに関わる。女性史はライフワーク。長女は画家兼教師。長男はライター兼編集者。教師は私の小・中学時代の夢、編集者は高校時代の夢。偶然なのだが、ふたりが実現してくれているのが、嬉しい。

女性作家たちが、異口同音に「人生でもっとも充実していた年代は？」との問いに「40代」を挙げていたのに、目を見張りました。大庭みな子、宇野千代、河野多恵子、佐多稲子などなどでしたが、勿論瀬戸内寂聴自身も含めてでした。今や時代はさらに進んで、「人生１００年時代」に突入しているのですね。今、思うと40代は「ひよっこ」でしたね。50代、60代もその延長で、あっという間に過ぎて行きました。40代からの人生には後悔はありません。

昭和50年にメキシコで国際女性（当時は婦人）会議が開かれたときは、夫の転勤に伴って、青森県十和田市にいたのですが、その後の国連婦人の10年が、日本にも大きな影響を及ぼすことになるとは、当時は思いもよらないことでした。しかし、「男は仕事、女は家事・育児」という性別による役割分業観を見直し、「男も家事を、女も経済的自立を」という考えは、私の行く道を示しているように思えました。学習塾、区役所のアルバイト、臨時職員、タウン紙記者、出版社のアルバイトなどを経験したのですが、平成2年、思いがけず、若い頃勤めた銀行の子会社の正社員になることができました。一度家庭に入った女が正社員として再就職できたのは、時代の流れと人との繋がりのおかげだったと思います。ここで、初めて私はひとりでも生きていける経済的な自立が可能になったのでした。

遠回りしたことも確かですが、人生に無駄なものはないと言われています。多分その通りなのでしょうね。今、私は都内の自治体の女性センター、「性別役割分業観」を見直し、真の男女平等な社会を実現するための拠点施設で働いています。これまでの経験がある意味ではすべて役に立っているともいえ、そこで、子や孫世代の人たちと仕事をしていけることは、私にとっては神様からの恩寵かとも思っています。これまで、さまざまな仕事に携わってきましたが、今の仕事がもっとも適していると自らは思っています。しかし、この大事な仕事にも後進に道を譲る引き時がきていると思っています。

今、「教育」（今日行くところがある）と「教養」（今日用がある）が必要と言われていますが、私の「教育」と「教養」は、地域の女性グループ、日本語ボランティアグループ、東京都の男女平等条例で繋がっているグループにあります。

また、ライフワークは女性史です。地域女性史研究会、オーラル・ヒストリー総合研究会はこつこつ、続けたいと思っています。研究自体は誰にも迷惑をかけずにできますから。

趣味といえるかどうかわかりませんが、海外への旅行が好きです。平成1年東京都の女性海外視察団の一員として、メキシコ、キューバ、ブラジルへの旅に参加したのが第一歩でした。海外旅行の魅力はカルチャーショック度の大きいことです。最近の旅は、平成28年ポーランドのアウシュビッツとチェコのテレジンへの旅でした。人間が悪魔にも神にもなる存在だということを考えさせられる旅でした。

もうひとつの趣味はシャンソンを習い、歌うこと。習い始めて十数年、どんどん深みにはまり、難しさもわかってきました。でも、歌うことは、やはり楽しい。五感を働かせるのは、心身の健康にもきっと役立っていると思っています。

健康に恵まれ、仕事、妹のケア、ボランティア、趣味で過ごす日々

昭和16年東京の蒲田近くで生まれ、4人弟妹の長女です。2年後父は、経営していた町工場が強制疎開となり、実家がある山形県尾花沢の奥の原野に小屋を建て、機械類を移送し保管していました。母も私や妹弟を連れて尾花沢へ移住しました。父は一方では大田区の小さな防空壕で自分の弟や甥と細々仕事をし、尾花沢と東京を行き来する生活でした。

終戦後すぐ、父は尾花沢から苦労して機械類を移送し、羽田で焼け残った

Profile

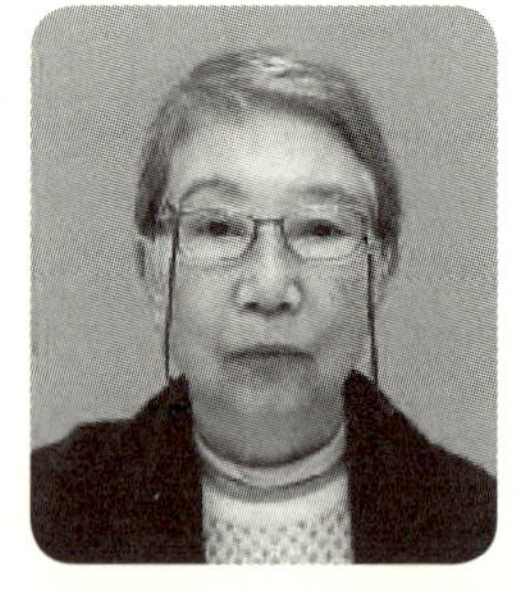

高橋明紀代

1941年東京生まれ。大学中退後22歳で結婚、妊娠。7年後に離婚。TKC広報部へ入社、広報の仕事に携わり10年後退社。1986年、㈲メディアハウスエイアンドエスを設立、代表取締役。著書に『町工場のIT革命』など。医療法人財団蔦の木会南晴病院理事、社会福祉法人プシケおおた評議員ほか。http://takahashi-akiyo.jp

工場の一角を借りて工場を再開しました。母は、お手伝いと共に4人の子育てをしつつ、住み込み工員10人以上のまかないと経理事務を手伝うという多忙な日々でした。

私は高校を卒業後、昼間は小さな建築会社に勤め、大学の夜間部に通っていました。ちょうど60年安保闘争の最中で度々国会デモに参加、やがて大学を中退し、22歳で結婚、翌年男児が生まれました。夫は父の援助で小さな町工場を立ち上げ、私は経理・事務を手伝いました。

この頃近所の同世代の母親に誘われて、地元に保育園をつくる活動に参加しました。大田区は保育園を2カ所設置の計画で、同じ要望の母親約30人と福祉事務所に陳情に行きました。この活動の結果、私たちの地域に保育園ができました。仕事を持つ私たち母親はたいへん助かりました。

30歳過ぎに夫と離婚、しばらく子どもは夫の母が育ててくれました。私はＴＫＣ広報部に臨時雇用で入社し、やがて正社員になって全国の会計事務所へ配布する会報や情報誌の編集を担当するようになりました。

それまで私は全く編集経験はなく、先輩社員もいない中、印刷会社の社長に叱られながら編集の基礎を覚えました。また、ドイツのコンピューター会社の研修旅行やアメリカの公認会計士協会視察に同行しました。さらに国内での種々の研修会の企画・実施もまかされるようになりました。

子どもが17歳の時一緒に暮らすようになり、約十年勤めたＴＫＣ広報部を退社し、昭和61年

㈲メディアハウスエイアンドエスを設立しました。

当初安定した仕事の受注がなく苦労しましたが、4、5年たつと知人の紹介でコンサルタント会社の月刊誌に、トップインタビューの原稿を書く仕事をいただきました。この月刊誌は同社の会員である中小企業経営者向けの機関誌でした。こうして経営者の方々からの取材・執筆・編集が仕事の柱となりました。やがてその延長で、中小企業の創業者や経営者からの依頼で、創業者伝や周年記念誌を出版する仕事につながりました。

この仕事は戦後から平成までの中小企業の歴史を扱うので、その内容は私の父母の生きた時代に重なっていて、共感する部分が多いのです。同時に地域経済の変遷を知る機会になり勉強になります。どの会社でも、経営者夫人が担ってきた役割はなかなか大きいものがあります。

昭和45年がんによる母の死（55歳）と続く父の再婚で、両親と同居していた薬剤師の妹は統合失調症になり、約7年間入院しました。退院後父達の近所で暮らしていましたが、義母と父が続いて亡くなったので、別居ですが、25年前から主に私がケアをしています。いま妹はヘルパーと病院の訪問看護師のお世話にもなっています。

5〜6年前から私は大田区内の精神障害者支援組織「社会福祉法人プシケおおた」などでボランティア活動もしています。

趣味は映画鑑賞、寄席などで落語を聞くこと。FACEBOOKに不定期で投稿していて、それなりに忙しい日々です。

楽しくなければボランティアでない

昭和15年京都で生まれました。父は祖父が創業した製薬会社を経営するかたわら、映写機などの輸入をしていたため、家にはチャップリンなどの無声映画のフィルムがたくさんありました。

同志社大学社会学科で社会福祉学を専攻しましたが、卒業後ほどなく結婚、舅、姑、祖母・祖父、曽祖母、姑の姉などが暮らす大家族でした。

夫が保護司をしていたのですが、仕事の都合で時間が取れなくなり辞任、私が後を継ぐことになりました。保護司を引き受けたのと同時に更生保護婦

Profile

坂本悠紀子

1940年京都市生まれ。同志社大学で社会福祉学を専攻。1978年保護司・更生保護婦人会会員となる。2015年東京都薬物乱用防止推進協議会感謝状受賞。現在、更生保護事業振興財団理事、全国更生保護法人連盟評議員も兼任。2001年より新宿区更生保護女性会会長として新宿区の更生保護活動に尽力している。

人会（現在は女性会）に入会し以来38年続けました。私達女性の保護司は、対象になる刑余者を預かる時、男女両方が送られてくるため女性も男性も受けるのです。

刑期を終えて社会へ出て、行き場のない女性達はまず更生保護施設へ入所します。入所した寮生たちを支援するボランティア団体が更生保護女性会で、東京都内では34地区にあり、会員数は東京都では約1万3千人、全国では約17万人となっています。施設は全国で103か所、東京は20か所あります。

現在私は、新宿区更生保護女性会に属しています。新宿区の会員は約250名、若い人から90歳代まで、90歳代の方が5人もいらっしゃいます。会は寄付とボランティアで運営し、寄付は金銭だけでなく、衣類、お菓子など物品でも頂戴しています。例えば、旅にはタオル、歯ブラシを持参、旅先の旅館やホテル備え付けのそれらを持ち帰り、ダンボール箱いっぱいにして寄付して下さった団体もあります。

私たちは、施設のクリスマス会、雛祭り、ハロウィン・キッズ・コンサートなどにお弁当を作って差し入れたり飾り付けをします。早稲田大学広域BBS会の学生、音楽家の方々もボランティアで加わっていただき、みんなが楽しめるように工夫しています。また、ガーデニングクラブで、花や野菜を育てています。庭や畑がないので、大きなプランターでスイカ、メロン、七房トウガラシ（内藤トウガラシ）まで作り、寮の食卓に出します。

新宿にある施設「斉修会」（定員20名）は特別長期の受刑者が多く、高齢で出てきます。もう一か所の寮生と合わせると平均年齢は60歳、刑期をおえても再就職はなかなか難しく、野菜作りを一緒にすることで体を動かすこともプラスになると、取り組んでいます。

けれども、犯罪者にしないための環境づくりも大切です。生活保護世帯は3代にわたることが多いので、この連鎖を断ち切ることも必要、そのためには、子ども達へのケア、支援が必要になります。

東京・四谷の小学校でアンケートをとったところ、父母と子ども達がそろって食事をする家庭はほとんどなく、朝食抜きの子どもが3分の1、一人またはきょうだいで食べる子どもが3分の1、そして朝食がごはんだけ、コンビニで夜中に値下がりしたおにぎりだけの子どももいることがわかりました。また、親が食事を全く作らないという子どももいました。そこで、東京都内各区では、子ども食堂、子ども料理教室を開いて、少しでも料理を自分で作れるよう、みんなで楽しく食事をできるようにしています。新宿区では食堂のコックさんに来てもらって、子ども達に作り方を教え、最後にプロの味を味わい、本当の味を覚えてもらう催しをしました。

さらに今問題になっているJK産業など、貧困からくる児童の売春も目が離せません。そこでJK産業の娘さんたちもボランティアに呼び、別世界に目を向けてもらうことにしています。

更生保護の「更」と「生」を合わせると「甦る」になり、生まれ変わるという意味です。

こうした日々ですが、私も寮生やボランティアの皆さんから教わることも多々あります。楽しいことがあれば、人間、元気でいられます。

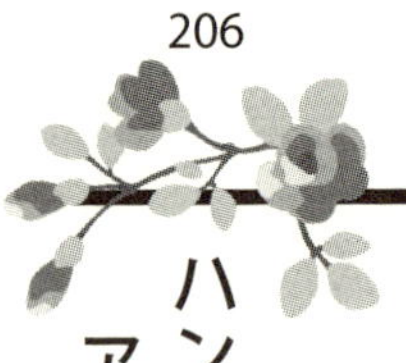

ハンディキャップをアドバンテージに変える勇気

これからはもう誰かのためでなく、自分のために生きるのだ。

20年前、50歳になるとき私が自身に向けてした、密かな、それでいて確固とした宣言でした。

でもそれは、一時代前の女性たちが経験したような「犠牲」や「束縛」からの解放を願ってのことではありません。30代の初めに離婚してシングルマザーだったので、子育てが一段落した今こそ堂々と、胸をはって仕事に生きるのだという、とても前向きな宣言だったのです。

Profile

松井　久子

1946年 東京都出身。映画監督。早稲田大学演劇科卒業。雑誌のフリーライター、俳優のマネージャー、テレビドラマのプロデューサーを経て、1998年『ユキエ』で映画監督デビュー。その後『折り梅』『レオニー』『何を怖れる』『不思議なクニの憲法』を発表。全ての作品で製作・監督を兼ね、各作品の上映会や講演で全国を歩く。著書に『ターニングポイント』（講談社）、『ソリストの思考術・松井久子の生きる力』（六耀社）

仕事と家族との生活を両立させてきた女たちは、誰もが肉体的にも精神的にも過酷な日々のなかで、「忍耐」を学び、「受容」を身につけていきます。

また、年を重ねるごとに、人生と社会への理解が深まっていき、胸の内に「自分の言葉」が溜まっていきました。

そして50歳になった時、その溜まった思いが一気に溢れ出し、私は周囲の誰からも無謀と言われた映画監督の仕事に挑戦します。しかも撮影現場はアメリカで、日米両国100人を超える出演者とスタッフを従えて。それが平成10年に公開された倍賞美津子さん主演のデビュー作『ユキエ』でした。

それから20年の間に私は5本の映画をつくり、その度自分の言葉で語り、同世代の女性たちと、共感を分かち合ってきました。

つくづく、「若いうちに映画監督にならなくてよかった」と思います。

社会的な野心や、経済的な成功を求める必要のない年齢になってからの表現活動は、自分自身の感性と判断にしたがって、どこまでも自由だからです。

またつくづく、「女性監督でよかった」とも思います。

映画には女性のつくった作品があまりにも少ないから、また、私には所属する組織も、どんな後ろ盾もなく、一人で製作資金を集め、脚本を書き、プロデューサーと監督を兼任するしかなかったから、どの作品でも全国の観客の立場の女性たちが熱烈な応援をしてくれました。

そして結果的に、「老い」も、「女性」であることも、普通の社会的価値観からすればハンディキャップと見えることが、どちらも思いがけないアドバンテージになったのです。どの作品も、完成してから何年もの時間をかけてコツコツと広めて歩き、映画とともに日本じゅうの町や村を訪ね歩いて20年。気がつくと私には、「かけがえのない友達」と呼べる人が全国津々浦々にいてくれます。

3作目の日米合作映画『レオニー』は、ハリウッドで世界じゅうからやってきたキャスト・スタッフとの仕事だったので、地球のあちこちの国に友達ができました。「映画が作れなくなったら、国内だけでなく世界じゅうのお友達を訪ねて歩くわ」と言っていたのに、70歳になった今でもたくさんの人が「次はどんな映画？　早く次の作品を作って」と、励ましてくれています。

これが毎回苦労して映画を作ってきた私への、天からのご褒美なのだと心から思えます。もし、あの50歳のとき、「映画を監督するなんてそんな大それたこと、この私にできるわけがない」と諦めてしまっていたら、今日までの20年はまったく違う色合いになっていたことでしょう。

人生は一度きり。最期に「よく頑張って、よく生きた」と思いながら死ねるように、明日からも健康に心がけ、もうしばらくの間、自分の言葉で語り続けていきたいと思っています。

私の欲張り人生航路

昭和14年徳島県に生まれました。戦争中の記憶は、遠くの暗闇に落ちる焼夷弾がまるで花火のようでした。

きものが大好きで、36歳の時、「美と装いコンテスト」で西日本代表に選ばれて、東京での全国大会に出場しました。この時初めて母を東京に連れて行ってあげることができ、また立派な盾と賞状をいただいたことが誇らしい思い出です。

スポーツも好きで、ボーリング大会で3人チームで全国優勝、全米クイーンズオープンに行かせていただき感動しました。その後、シニアオープン世

Profile

松浦　茂子

1939年徳島県生まれ。きものコンサルタント協会会員。千扇流組ひも家元。株式会社鉄マグロ普及協会代表取締役社長、一般社団法人伝統美養食育推進支援協会伝統美養塾特命講師。特定非営利活動法人兵庫県健康管理士一般指導員。NPO法人明るいシステム倶楽部幹事役員などを務める。

界大会に選ばれて、アメリカ、リノで試合に出場しました。試合のあと生まれて初めてカジノを体験、見たこともないカジノの賑わいにびっくりしました。

千扇流組みひも教室で組みひもを教え始めました。45歳の時、生徒10人で日本の伝統工芸組みひもの素晴らしさを伝えるためにサンフランシスコ、ロスアンゼルス、ハワイへ行き、市長を表敬訪問、大歓迎を受け、友好が深まったのでした。

また、ダイアナ、チャールズご夫妻が来日の折、光栄にも、帯締めとネクタイを献上させていただき、バッキンガム宮殿から自宅にお礼の手紙をいただき感動しました。組みひもの素晴らしさを伝えられたことに喜びを感じました。

夫の闘病生活で、試練が学び・気づきにつながった

平成22年9月、夫の癌が見つかり闘病生活が始まりました。ステージ4で、リンパに転移し、手術の手だても何もありません、私はパニックに陥り、「何で夫が癌なん？」と神様を恨みました。少し落ち着いた時、神様は試練を乗り越えられる人にしか与えない、これも良い方に考え、誰もが経験できないことを経験できるのだと思うようになりました。お陰様でたくさんの気づきや学びがありました。

闘病生活8年目、毎年花見の季節に綺麗な桜の花はあと何回見られるかなと思い、感謝をしながらまた来年も元気でと願っていました。苦しい事も、悲しい時もありました。夫は薬を

飲むとやせほそるので、思い切って薬をやめて、主人の好きな物ばかりを手作りして二人で楽しんで食べました。　すると2か月過ぎた頃からガリガリの体が元気になってきました。

この経験をふまえて癌と軽度の認知症について、必要なご家族にお話をさせていただいています。日本成人病予防協会認定健康管理士一般指導員の資格を取りました。この一環で、鉄マグロ普及協会の代表になっています。この協会では、マグロの赤身、血合い肉の臭みを軽減したものを加工して「鉄マグロ味付けそぼろ」を製品化したのです。

きものコンサルタントを40年務めています。

生涯青春です。残りの人生、時間、命は大切な周りの方々のために使いたいと思っています。まずは100歳現役を目指し、今日も笑顔で世界に誇れる民族衣装「きもの」を多くの方々に伝えたいと念願しています。

私の人生の指針は「かきくけこ」です。

すべてに感謝(か)

綺麗な心(き)

苦労もプラス思考(く)

健康管理(け)

恋をする(こ)

出逢いに感謝

38年前、昭和54年、筑波大学赴任の命を受けたパートナーと我家族4人は、まだ村だった筑波研究学園都市に移り住んだ。村の行事は興味深く、エプロン特派員として、つくば市になるまで六年間「桜村その昔」を連載させて頂いた。学園都市には海外の方々も多く国際色豊か。当時小学4年、中学1年の二人の息子は東京の祖母の家に行く気軽さで姉夫婦の住むシアトルに留学をした。

私は大学病院心臓外科医の秘書として働き始めた。ある雪の降る朝、私と

Profile

生田美恵子

1945年東京生まれ。グラフィックデザイン有限会社ミラクルネットワーク代表取締役・クリエイティブディレクター、和の文化と親しむ会会長、3分で装うワンピース着物「銀座こまち」コーディネーター、和の文化を親しむコンサート・講演会など企画多数、ラジオ・木場レインボータウンFMコーディネーター。

同じ歳の女性が術後亡くなった。お母さん、お母さ〜んと泣き叫ぶ声を胸しめつけられる思いで聞いた。私が死んだら息子達に何を残せるのだろうか？　人の生き方を書き残そうと決心した。地元の常陽新聞社に決定権のある方に逢わせて下さいと原稿を持参した。連載したい旨を伝えると、編集長は分かったと一言。

翌日の新聞にその原稿が載った。やった〜！　凄いミラクルだ！　翌週から連載をスタート。四コマ漫画の脇のページだった。困った時大変な時、そしてそこから頑張る人間に！　私の願いをタイトルにした「そしてそこから・筑波人間紀行」を2年半書かせて戴いた。新聞記者は出来事を追うが、君はテーマを持っていたので面白いと思った。岩波編集長の言葉は今も心に残っている。

ある日、ラジオのコメンテーターもされていた毎日新聞社の四方洋先生のマスコミゼミ教室の募集があった。初めて書く事を学んだ。四方先生のご縁で副編集長として教育団体の月刊誌も編集させていただいた。

人の係りを掛け算に！　デザイン事務所㈲ミラクルネットワークを誕生させた。常陽新聞社の新年会でご縁を戴いたケーブルTVの神戸理事長からは、ケーブルTV普及のチラシ作りを皮切りに、学園都市紹介のビデオの脚本や会社案内、記念史まで作らせていただいた。

学園都市の中心地区に天皇陛下が立ち寄られるホテルがある。総支配人にホテル会議の度に質問を受けた。その答えが自分達とは異なる視点・発想だと感心され顧問契約をむすんだ。ホテルのパンフレットは勿論、ブライダル、チラシなど全てを手掛けさせていただいた。

仕事は順調だったが夫婦は不協和音。離婚となった。

今度生まれてくる時は、悲しみのない幸せふり撒く妖精になろう。妖精達の住むフィンドホーンに行こうと決めた。イギリスに行くのだから和服を持って行かなくては！

ちょうどこの時、早い・簡単・便利3分で装うワンピース着物に出逢った。和服姿に憧れ、二十代で着付け師範になった私は目からウロコ、着物革命だと感嘆した。

着物は心の器、先人が遺した「和ごころ」を次世代に伝えることがライフワークとなった。友野さん、池田さんが木場レインボータウンFMで和の文化を語る機会を下さった。

今私は、一人でも多くの方が和服姿を楽しみ、和ごころを紡いでいただきたいと熱い思いでいる。

3分で装うワンピース着物「銀座こまち」姿で。

歳をとることが財産になる生き方を

昭和35年に設立した化粧品会社は、主人と一緒に立ちあげて、順調でいたけれど突然の主人の他界。右も左も、工場のことは何もわからず、それでも7年がんばってどうにかこうにかやりくりをしてきた。

そんな時、主人を訪ねてきた人がいた。「のうなってしまったんよ」と説明し、気がつくと工場の回し方もようわからんことまで話してしまっていた。するとその方が、手伝わせてほしいといって、工場のことや従業員のこともよう面倒をみてくれるようになった。

Profile

小野　照子

1936年大阪府生まれ。1953年、夫とともに化粧品会社「ユニオン」を設立。夫の突然死で自らが社長になり経営に奮闘する。ある時、工場の責任者に商品を盗られそうになったため、長男に会社に入ってもらい、現在は経営をまかせている。

やがて工場の責任者をやってもらうことになった。ところが、一番怖いのは人間だと思うようなことが起きた。その人は、私が何もわからないのをいいことに、工場をいいように回すようになり、何年かするうちに、土足で工場にはいり、仕事も横柄になっていたのでした。

その人の不穏な動きが気になってもいたので、大手銀行に勤めていた息子に無理を言って辞めてもらい、会社に入ってもらった頃でした。息子も化粧品工場のことは、まだわからない頃のことでした。

その場面にでくわし「あなた、ここの責任者とちゃいますか？　こんなことしてしもうたら、どうなりまっか？」ととっくみあいになり、怪我をおってしまいました。その後、弁護士から連絡があり、彼の言い分は「もう一回、雇ってもらえませんか」ということでした。

ちょうど、その頃高校での暴行事件などニュースになった時期でもあって、「暴力するようなやつはいらん！」とそれっきりに。

工場のほうは、データがあればなんとかできる！　あとは薬剤師さんがいてくれたらどうにかなる！

お蔭様で、現在は、営業しなくても儲かっております。うれしい限りです。今は、会社は息子にゆずり、私の時代と違うよい所が出てきており、本当に心から感謝しています。

言ってしまったら自慢になってしまいますが、今とても幸せです。孫も立派にそれぞれが海外の学校に行ったり、薬剤師さんになってくれて、まじめで素直。本当に自慢の家族です。

子育ては、孫が巣立ってまでが子育てだと、今、実感しております。

身体が健康であれば仕事を続けたいと思います。健康が何よりです。そのためには「気」の循環に心がけております。歩くときも気をつけて頭もぼけないようにして、たくさんの方々との交流を持つようこころがけております！

自分が積極的に動いて初めて幸せを手に入れることができる、他人まかせでは幸せは得られない、からです。

歳を重ねてこそ学べることがあると思います。誰しも歳をとりたくないと思うからです。ある時、私はこんな言葉を聞きました。「私から歳を奪わないでください。歳は私の財産なので」と、ある方が言われたのです。

私は、この言葉に感心し、私もいい出会いを得て、歳をとることが財産になるように生きたいと思います。

★ブレインワークスグループ

創業以来、中小企業を中心とした経営支援を手がけ、ICT 活用支援、セキュリティ対策支援、業務改善支援、新興国進出支援、ブランディング支援などの多様なサービスを提供する。ICT 活用支援、セキュリティ支援などのセミナー開催も多数。特に企業の変化適応型組織への変革を促す改善提案、社内教育に力を注いでいる。一方、活動拠点のあるベトナムにおいては建設分野、農業分野、ICT 分野などの事業を推進し、現地大手企業へのコンサルティングサービスも手がける。2016 年からはアジアのみならず、アフリカにおけるビジネス情報発信事業をスタート。アフリカ・ルワンダ共和国にも新たな拠点を設立している。http://www.bwg.co.jp/

もし、フネさんが 70 人集まったら？

私たち、まだまだこれからよっ !!

2018 年 2 月 10 日（初版第 1 刷発行）

著　者　ブレインワークス　編著

発行者　佐々木 紀行

発行所　株式会社 カナリアコミュニケーションズ

〒 141-0031

東京都品川区西五反田 6-2-7 ウエストサイド五反田ビル 3F

TEL　03-5436-9701　FAX　03-3491-9699

http://www.canaria-book.com

印刷所　本郷印刷株式会社

装　丁　福田 啓子

編集協力　村上 克江（新水社）

D T P　武田 恵子（新水社）

ISBN978-4-7782-0414-3　C0034

カナリアコミュニケーションズの書籍ご案内

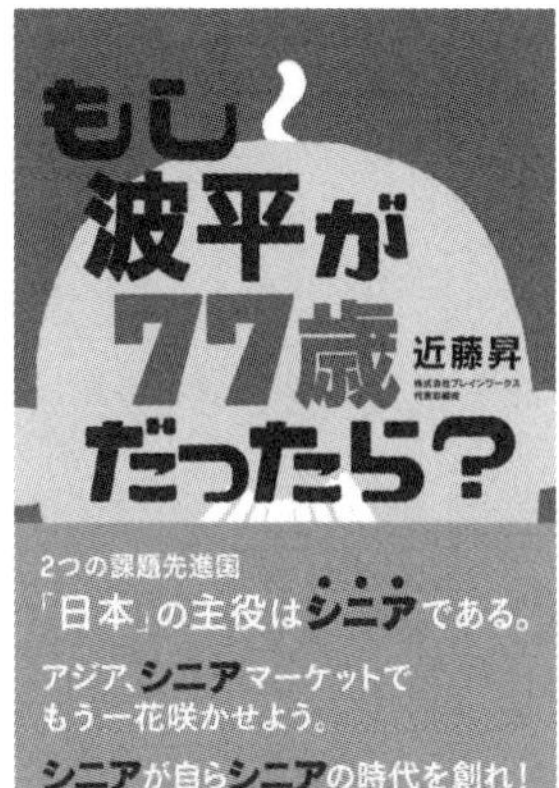

もし波平が 77 歳だったら？

近藤 昇 著

人間は知らないうちに固定観念や思い込みの中で生き、自らの心の中で安定を迎えているということである。
オリンピックでがんばる選手から元気をもらえるように、同世代の活躍を知るだけでシニア世代は元気になる。
ひとりでも多くのシニアに新たな希望を与える1冊。

2016 年 1 月 15 日発刊
価格 1400 円（税別）
ISBN 978-4-7782-0318-4

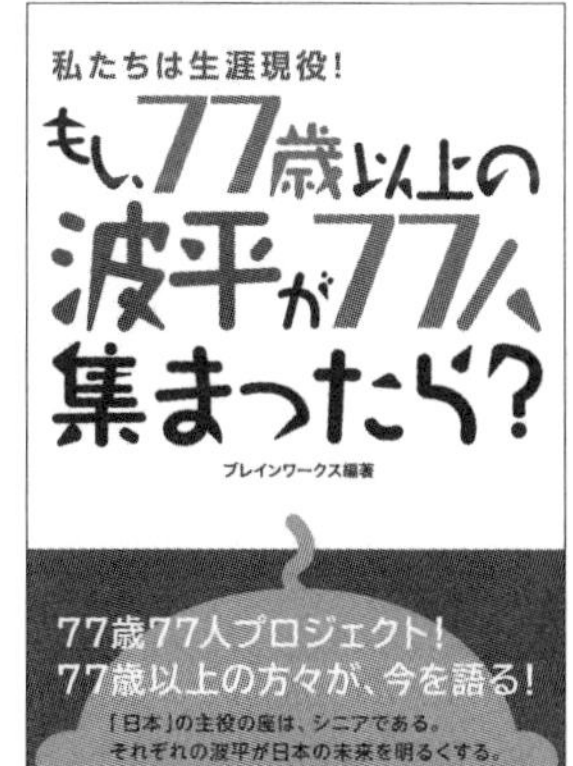

もし、77 歳以上の波平が 77 人集まったら？

ブレインワークス　編著

私たちは、生涯現役！
シニアが元気になれば、
日本はもっと元気になる！

現役で、事業、起業、ボランティア、NPO など各業界で活躍されている
77 歳以上の現役シニアをご紹介！
「日本」の主役の座は、シニアです！
77 人のそれぞれの波平が日本の未来を明るくします。
シニアの活動から、日本の今と未来が見える！

2017 年 2 月 20 日発刊
価格 1300 円（税別）
ISBN 978-4-7782-0377-1

カナリアコミュニケーションズの書籍ご案内

2016年10月15日発刊
価格1300円（税別）
ISBN 978-4-7782-0369-6

もし、自分の会社の社長がAIだったら？

近藤 昇 著

AI時代を迎える日本人と日本企業へ捧げる提言。

実際に社長が日々行っている仕事の大半は、現場把握、情報収集・判別、ビジネスチャンスの発掘、リスク察知など。

その中でどれだけAIが代行できる業務があるだろうか。

10年先を見据えた企業とAIの展望を示し、これからの時代に必要とされるICT活用とは何かを語り尽くす。

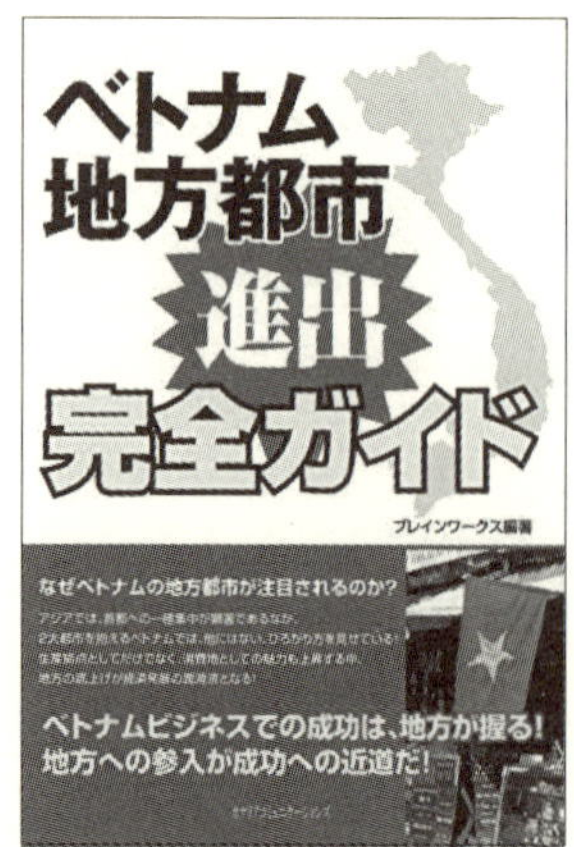

2017年6月10日発刊
価格2000円（税別）
ISBN 978-4-7782-0404-4

ベトナム地方都市進出完全ガイド

ブレインワークス　編著

ベトナムビジネスでの成功は、地方が握る！

地方への参入が成功への近道だ！


なぜベトナムの地方都市が注目されるのか？

アジアでは、首都への一極集中が顕著であるなか、２大都市を抱えるベトナムでは、他にはない、ひろがり方を見せている！

生産拠点としてだけでなく、消費地としての魅力も上昇する中、地方の底上げが経済発展の潤滑液となる！